本研究成果由江苏省高校"青蓝工程"资助

儿童立场视域下学前教育专业舞蹈教学体系建设研究

王 钦 著

吉林大学出版社

·长春·

图书在版编目（CIP）数据

儿童立场视域下学前教育专业舞蹈教学体系建设研究/王钦著. —长春：吉林大学出版社，2023.9

ISBN 978-7-5768-2144-4

Ⅰ.①儿… Ⅱ.①王… Ⅲ.①舞蹈课-教学研究-学前教育 Ⅳ.①G613.5

中国国家版本馆 CIP 数据核字(2023)第 188305 号

书　　名　儿童立场视域下学前教育专业舞蹈教学体系建设研究
　　　　　ERTONG LICHANG SHIYU XIA XUEQIAN JIAOYU ZHUANYE WUDAO JIAOXUE TIXI JIANSHE YANJIU

作　　者　王　钦
策划编辑　李承章
责任编辑　杨　平
责任校对　李适存
装帧设计　刘　丹
出版发行　吉林大学出版社
社　　址　长春市人民大街 4059 号
邮　　编　130021
发行电话　0431-89580028/29/21
网　　址　http://www.jlup.com.cn
电子邮箱　jldxcbs@sina.com
印　　刷　湖南省众鑫印务有限公司
开　　本　787mm×1092mm　1/16
印　　张　12.75
字　　数　210 千字
版　　次　2024 年 5 月第 1 版
印　　次　2024 年 5 月第 1 次
书　　号　ISBN 978-7-5768-2144-4
定　　价　68.00 元

版权所有　翻印必究

前　言

2022年10月，党的二十大报告指出："教育是国之大计、党之大计。培养什么人、怎样培养人、为谁培养人是教育的根本问题"。

过去十年，随着我国不断推动学前教育的普惠发展，学前教育事业逐渐规范化与规模化，学前教育进入跨越式发展，取得了历史性成就。舞蹈是学前教育专业课程设置的重要组成部分，是幼儿教师必备的专业技能。当前，学前教育专业舞蹈教学体系的建设正是基于党的二十大报告中关于职业教育与高等教育协同发展，推进职普融通、产教融合的教育定位，为当前更加高质量地开展学前教育专业舞蹈教学提供了新的路径指引。

本书全面贯彻党的教育方针，落实立德树人的根本任务，以学前教育专业舞蹈教学体系的建设为阐述重点，从教育的基本立场——"儿童立场"这一学前教育研究的母题出发，明确当前学前教育专业舞蹈教学的现状与困惑，把握学前教育专业舞蹈课程的特殊属性，以解决真实教学情境中存在的问题、服务师生教学需求与岗位应用、促进高质量职业人才培养、完善高素质教师队伍建设为宗旨，不断推动特色鲜明的学前教育专业舞蹈教学体系建设进程。

全书共分为七部分。绪论部分，对儿童立场进行了概念辨析与理念认知，并明确教育实践中儿童立场的坚守意义。第一章，对学前教育专业舞蹈教学进行介绍，一方面，对学前教育专业舞蹈教学进行理论基础认知，另一方面介绍儿童立场下学前教育专业舞蹈教学体系的构成、现状及建构思考。第二章，借用"场域"概念，创新提出学前教育专业舞蹈教学场域融合新模态，把握"学习场""练习场""实习场"与"信息化"的深度融合，构建"三场一化"场域融合体系，并以此探索教学目标、教学内容、教学环境与教学方法在学前教育专业舞蹈教学体系中的儿童化表达。第三章，明确学前教育专业舞蹈教学体系建构的"双主体"，将师生双方纳入主体素养建构框架内，一方面，从教师的身份认同层面寻找提升师资队伍专业素养的路径，另一方面，将学生的身份进行叠加与剥离促进学生实用能力的培养，同时将男幼师纳入研究视域，提出男幼师"边缘人"行为的出现与回归现状，关注学前教育专业男生群体的发展。第四章，在儿童化视域内开发学前教育专业舞蹈课程资源，既有对学前教育专业舞蹈课程资源开发的基础认知，又包含对课程资源开发的原则与方法，同时把学前教育专业舞蹈教材建设专门作为重点讲述。第五章，对学前教育专业舞蹈教学评价体系现状进行梳理，明确教学评价的概念与类型，提出学前教育专业舞蹈教学评价的建构原则、手段、价值与策略，不断完善学前教育专业舞蹈教学评价体系。第六章，把学前教育专业舞蹈教学设计与教学实施作为研究重点，列举学前教育专业舞蹈教学内容中具有代表性的课例，理论结合实践，推动学前教育专业舞蹈教学体系的全面建设。

  本书在撰写过程中参考和借鉴了多位专家学者的学术论著，也从国内外优秀书刊、网站上收集了众多有价值的素材或案例，并得到业界有关专家的指导和帮助，在此致以诚挚的谢意。

  作者在撰写过程中，力求著作的完美，但由于研究时间与研究水平的制约，使得本书难免有不足之处，恳请各位同行、专家和读者对本书提出宝贵的意见，不胜感激。

作者

2023 年 1 月 12 日

连云港海州

目　录

绪论　从"儿童视角"到"儿童立场" ······ 1

第一章　学前教育专业舞蹈教学理论基础认知 ······ 7
　　第一节　学前教育专业舞蹈知识概述 ······ 7
　　第二节　儿童立场下学前教育专业舞蹈教学体系的思考 ······ 16

第二章　学前教育专业舞蹈教学场域融合新模态 ······ 38
　　第一节　场　域 ······ 38
　　第二节　"三场一化"场域融合体系建构 ······ 40
　　第三节　学前教育专业舞蹈教学场域的儿童化表达 ······ 48

第三章　学前教育专业舞蹈教学主体素养建构研究 ······ 70
　　第一节　教师身份认同与专业素养提升 ······ 70
　　第二节　学生舞蹈实用能力培养研究 ······ 80
　　第三节　男幼师从边缘走向中心 ······ 86

第四章　学前教育专业舞蹈课程资源开发 ······ 95
　　第一节　课程资源开发基础认知 ······ 95
　　第二节　课程资源开发的原则与方法 ······ 103
　　第三节　学前教育专业舞蹈教材资源建设 ······ 108

第五章　学前教育专业舞蹈教学评价完善 ······ 118
　　第一节　教学评价基础认知 ······ 118
　　第二节　学前教育专业舞蹈教学评价体系建构 ······ 124

第六章　学前教育专业舞蹈教学设计与实施 …………………… 132
　　第一节　教学设计 …………………………………… 132
　　第二节　教学实施 …………………………………… 150
　　第三节　基于儿童立场的学前教育专业舞蹈教学案例 ………… 164

结　语 ………………………………………………… 179

参考文献 ……………………………………………… 182

绪论　从"儿童视角"到"儿童立场"

一、视角、儿童的视角与儿童视角

"视角"（perspective）一词，来源于文艺复兴时期的绘画技法——"透视技法"的运用，是"透视"的关联性词语，即观察者通过不同的位置、角度、光线等因素对被观察物体进行不同形式的描绘，从而展示出多样的表达方式与景象。我们经常说，从不同的角度看待问题，产生的理解与感受也必然不同，这是一种比较平常的生活经验，在哲学层面就成为"视角主义"，尼采将其表述为"对事物的解释是一种透视性的意义置入，一种事物的本质仅仅是有关'此物'的看法而已"[1]，"视角"经常被定义为个体自身经验、阅历、性格等要素主导下的对待事物和现象的观点与看法。世界是多姿多彩的，观察、审视整个世界的视角则是多元可变、主观能动的。

"儿童的视角"（children's perspective）是儿童作为拥有"人"的全部要素的独立个体，其自身具备观察世界的视角，包含着对所处世界的探索、体验、感知与理解。最早对"儿童的视角"进行探索的应属北欧的学者，1979年科萨罗开展了关于幼儿对于友情的认知研究[2]，1983年塞缪尔森开展了儿童对学习的认知研究。之后，1989年联合国颁布了《儿童权利公约》，社会开始真正将儿童作为具有"权利"的主体角色来看待，"儿童的声音"被广泛接受。1999年刘易斯和林德赛出版论文集《研究儿童的视角》[3]，将"儿童

---

[1] 尼采. 尼采随笔[M]. 赵婉平译. 合肥：安徽人民出版社，2012：210.

[2] WILLIAM A. CORSARO. 'We're friends, right?'：Children's use of access rituals in a nursery school. Language in Society(1979)：315-336.

[3] LEWIS A, LINDSAY G. Researching children's perspectives. (UK：McGraw-Hill Education, 1999)：1-69.

的视角"与心理学、社会学融合在一起进行理论层面的探讨。而系统论述"儿童的视角"并将其进行内涵界定的则是瑞典学者索莫尔,在他的理论构架内,"儿童的视角"指的是儿童在自身生活世界中的体验、感知和理解","是儿童作为他或她自己的世界中的主体,自己的现象学"[①]。

"儿童视角"(children perspective)最早出现在文学领域,"小说借助于儿童的眼光或口吻来讲述故事,故事的呈现过程具有鲜明的儿童思维的特征,小说的叙述调子、姿态、结构及心理意识因素都受制于作者所选定的儿童的叙事角度"[②]。可以看出,儿童视角是从成人到儿童的一种角色移位,是现代儿童观出现的标志,即人们对于儿童及儿童呈现状态的把握与理解。"儿童视角"的出现,将儿童本位摆在世人眼前,儿童作为一个独立的生命个体,亦是个体生命的最初阶段,不仅在物质生存领域拥有着无法逃避的天然属性地位,在文化、社会、教育、艺术等领域均应占据足够的本位空间。其"不仅具有自然所赋予的稚嫩身体,而且具备社会在其成长过程中造就出的内在精神、灵魂本位和人格价值"[③]。正是由于儿童的发现,使得人类社会原有的固定格局被打破,成人不得不寻求适宜的方式来建构"儿童是具有独立地位与价值的生命存在"观念。

"'儿童视角'某种程度上指的是从业者和学者试图使用由外而内的方法进行的研究,它引导成人去理解儿童在世界上的感知、经验和行动;它是由成年人创造的,尽可能去寻求理解和重建儿童的视角"[④]。我们可以这样区分"儿童视角"与"儿童的视角",前者理解为是成人创造出了"儿童视角",在这里,成人是整个事件的主体,他们尝试站在儿童的立场上去看待问题,并由外及内地解决问题,后者理解为儿童拥有不可替代的独立性,在他们的认知范围内进行探索世界的行为,并由内向外的去体验、经历、成长。

---

① SOMMER D, SAMUELSSON I P, HUNDEIDE K. Child perspectives and children's perspectives in theory and practice. Springer Netherlands, 2010: 42-43.

② 吴晓东,倪文尖,罗岗. 现代小说研究的诗学视域[J]. 中国现代文学研究丛刊, 1991(1): 67-80.

③ 王黎君. 二十世纪中国文学中的儿童视角研究[D]. 上海:华东师范大学, 2007: 1.

④ SOMMER D, SAMUELSSON I P, HUNDEIDE K. Child perspectives and children's perspectives in theory and practice. Springer Netherlands, 2010: 129.

二、儿童立场

基于"儿童视角"的研究，儿童在教育活动中的地位以及儿童与教育者的关系成为教育研究的重点，为儿童立场的确立起到了极大的推动作用。"儿童视角"可以使具有成人身份的教育者通过"儿童外显的语言、行为探寻儿童内心的感受与体验"①，以此加深教育者对儿童的全方位了解，并推动践行儿童立场的步伐。"儿童立场"与"儿童视角"二者含义有相近之处，但是却不能混为一谈，是一种相互依附、交融的关系，儿童立场相较于儿童视角含义更为宏大。

"立场"，从字面可以理解为个体认识和处理问题时所处的地位和抱有的态度，即"站在哪个位置上"，相对于"视角"来说，"立场"具有更为宽广的意味。人们处理事务所采用的态度及产生的观点与看法正是由其立场决定，不同的立场会产生不一样的情境解释，产生不同的行为后果。"儿童立场"是教育领域的一个基本问题，其概念简言之，正是站在儿童的立场上认识儿童、关注儿童，处理儿童时代发生的事件。强调认知对象由成人转向儿童，批判"儿童—成人"的二元论视野下儿童与成人间的不平等关系。② 在这里，儿童特有的社会关系与童年文化得到充分尊重，成人做到了理解、倾听儿童。童年社会学观点认为"儿童立场"是"'自下而上'的视角而非俯视的视角来思考儿童如何理解他们自己的童年"③。

在教育学领域，借鉴童年社会学中"自下而上"的视角表达，将"儿童立场"解释为"站在儿童的基础上看待问题的立场"④，"儿童立场"区别于"儿童的立场"或"儿童自己的立场"，原因在于儿童是独立的社会个体，其拥有自己个性的思想表达与情感站位，成人不可能再次成为儿童，也不可能完全地洞悉、了解儿童的内心。因而，我们提倡幼儿教育应站在

---

① 王春燕，张传红. 学前教育变革中儿童立场的审思. 幼儿教育（教育科学），2020（3）：3-6.
② 陈晓红，李召存. 教育研究中儿童视角的发展. 教育导刊，2015（1）：15-18.
③ Berry, M. Towards a Sociology for Childhood：Thinking From Children's Lives（Buckingham：Open University Press, 2002）：112.
④ 章乐. 儿童立场与传统文化教育——兼论小学道德与法治教材中的中华传统文化教育. 课程·教材·教法，2018（8）：21-26.

"儿童立场",即教育者站在儿童的角度,体味儿童的内在世界,尝试发现并解决儿童的问题,满足儿童的需求,陪伴儿童的成长,最终促进儿童的发展。

三、教育实践中儿童立场的坚守

现代著名心理学家、教育家,儿童心理学中国化的奠基人朱智贤(1908—1991)认为:"坚持在实践中,特别是在教育实践中研究儿理学,这是我国儿童心理学前进道路上的主要方向""中国儿童与青少年心理发展特点,往往表现在教育实践中,它需要我们深入地进行研究"[①]。他不仅提倡在教育实践中研究儿童心理学,而且主张在教育实践中培养儿童的智力和个性。"尊重""理解"是教育实践中儿童立场的起点与关键,而"发展"则是儿童立场的根本,也是学前教育专业教育实践中的应有之义。

(一)尊重儿童——儿童立场的起点

尊重儿童是儿童教育的先决条件,是坚守儿童立场的起点。儿童世界有其自在的运行逻辑与思维方式,这与成人世界不同。成人如果把自己处理自我世界的方式强加给儿童的话,将会把儿童置于成人的话语圈,遮蔽其本真的心灵世界。因此,坚守儿童立场,首先应尊重儿童。

第一,应尊重儿童的话语权利,注重儿童的多元表达。儿童借助语言进行交流与沟通,不断探索未知世界。我们应学会倾听儿童的声音,给予儿童充足的语言表达的机会与权利,让儿童参与到世界中来,鼓励其通过发声来行使其参与权,也鼓励其以借助其他语言,如肢体语言等来进行表达,展示其对世界、人际互动的体验与思想。

第二,应尊重儿童的人格尊严,促进儿童的个性发展。"儿童即是儿童,成人即是成人",尊重儿童的人格尊严,就是要将儿童当作儿童看待,尊重其独立的人格与自由的意志,将其视作具有独特价值的个体。但是尊重并不等

---

① 朱智贤,林崇德. 儿童心理学史[M]. 北京:北京师范大学出版社,1988:573.

于盲从,"儿童世界好比大森林,森林里既有天使,也有魔鬼"①,在儿童的发展过程中必然会遇到诸多不健康或负面的事物,此时的尊重儿童将不是任其自由发展,而是应该借助引导与引领的作用,行使教育者的权利,适时介入。

第三,应尊重儿童的兴趣,满足儿童的自然性发展。兴趣是儿童发展的重要动力,让儿童能够根据自己的兴趣与爱好来自发的活动是尊重儿童发展的前提,是对儿童学习潜能的信任,满足儿童的自然性发展则是耐心地等待儿童可以通过自发的实践活动实现自我的自然发展。

(二) 理解儿童——儿童立场的关键

理解儿童是开展学前教育的前提,是坚守儿童立场的关键,只有当教育者能够理解儿童,才能做到坚守儿童立场。

第一,理解儿童要做到把儿童作为异于成人的独立的生命体,从而了解其内在发展逻辑。儿童在学习阶段有着独特学习特点与方式,在儿童到成人间的过渡存在着顺序性、阶段性与不平衡性的身心发展规律,教育者要做的则是理解儿童的这些身心发展规律,从而进入双方建立的教育情景,以此引导儿童在发展中探索、感知、体验,促进儿童形成独有的发展机制。

第二,理解儿童要做到理解儿童是异于同伴的独一无二的个体,每一个儿童在个性、兴趣、生活经验及面临的社会需求与问题解决方式层面都不同于其他儿童。坚守儿童立场就要正视这些差异,进而理解并着手规划,不断促进儿童个性化与趋同化的双向学习,使儿童既能融洽于社会大环境中,也能保持鲜明的个性。

第三,理解儿童要理解儿童的小小世界——儿童文化的独有空间。儿童文化是儿童表现其天性的兴趣、需要、话语、活动以及儿童群体共有的精神生活、物质生活的总和。②儿童在儿童群体普遍意义下共享的空间内,形成了独特的文化视域,这里包含他们的生活经验、兴趣爱好、语言生态、活动方

---

① 成尚荣. 儿童研究视角的坚守、调整与发展走向. 教育研究,2017(12):14-21.
② 刘晓东. 儿童文化与儿童教育. 北京:教育科学出版社,2006:34.

式等。教育者必须理解儿童文化，从曾经的儿童经验出发，破译独属于儿童的文化编码，才能发现儿童世界的"秘密"，从而建立儿童与成人的联结，完成儿童立场的坚守。

（三）发展儿童——儿童立场的根本

研究儿童立场，运用儿童立场的根本是更好地发展儿童，是为了促进儿童健康和谐的发展。在尊重与理解儿童的前提下，如何发展儿童成为教育工作者的重点与落脚点，这也意味着教师一方面要迎合儿童的适应性需求，另一方面要把引领儿童、促进儿童发展当成重要的任务来完成。事实证明，离开成人指导的儿童是难以获得良好发展的，要想满足儿童的发展，既要坚守儿童立场，也不能缺失了成人立场，只是有个先后的顺序，很明显，儿童立场在前，成人立场在后。

在教师开展教育与儿童进入学习过程中所形成的教育实践，既不可以单纯地依附于教师，也不能简单地归于儿童，而必须是置于教师和儿童之间的、既能对教师具有引导性又能对儿童发展具有引导性的事物。[①] 所谓"引导性的事物"就是建立在儿童生命之上的儿童发展的可能性，也可以看作是儿童立场下尊重与理解儿童的逻辑起点。

在高校层面，学前教育专业培养的"专业人"就是儿童立场的直接践行者，学校、课程、教师、教学工具等要素在儿童立场内，均以"参与者"的身份形成联动。探讨儿童立场中之于儿童发展的研究，则是从"高校教师→学前教育学生→幼师→儿童"多方主体视角下的儿童化认知，以及融合了"教学资源+教学方法+教学评价"等教学体系构成要素在内的儿童化介入，最终形成多重促进儿童发展的驱动力。

---

① 王春燕，张传红. 学前教育变革中儿童立场的审思. 幼儿教育（教育科学），2020(3)：3-6.

第一章　学前教育专业舞蹈教学基础认知

第一节　学前教育专业舞蹈知识概述

一、舞蹈与舞蹈教育

(一) 舞蹈释义

舞蹈是人类艺术门类中最为奇葩的一朵，是人类审美活动大家族的重要成员，反映着各个时代的社会生活与文化意象，表现着人类丰富的思想情感，跃动着人的精神与生命力。

什么是舞蹈？

1.1　原生态歌舞集《云南映像》

为探寻舞蹈艺术的本质，众多学者在历史长河中寻找，他们打破时间与空间的界限，在社会主义新时代浪潮下的艺术环境内，将舞蹈与其他多种艺术门类融合一体，解答了"什么是舞蹈"这一历史命题。简单来说，舞蹈就是一种人体动作的艺术。更为详细的解释：舞蹈是一种人体动作的艺术，人体本身是它的艺术载体。舞蹈是以经过提炼、组织、美化了的人体动作为主要表现手段，着重表现文字、语言或其他艺术表现手段难以表现的人的内在深层的精神世界，以及社会生活的矛盾冲突中的人的情感意蕴，创造出可被人感知的生动的舞蹈形象，以表现作者的审美情感、审美理想，反映生活的审美属性。①

（二）舞蹈教育与舞蹈教育功能性发展

1. 舞蹈教育概念

我们先来解释一下舞蹈教育，舞蹈教育作为艺术教育的一种，是以舞蹈为手段和内容的审美教育活动。舞蹈教育有狭义与广义之分，狭义来讲，舞蹈教育是培养舞蹈艺术家或专业舞蹈艺术人才所进行的理论与实践教育。广义来讲，舞蹈教育作为美育的重要组成部分，既包含专业院校或培训机构对舞蹈学生进行的规范舞蹈教育，也包含一般学校舞蹈课程中老师对学生进行的普及性舞蹈教育。舞蹈教育进程中教育者采用普遍的教育学原理，通过各种教育方法使被教育者掌握舞蹈知识、提升舞蹈技能、促进专业发展，并以此传递教育思想，普及舞蹈文化，推动舞蹈艺术的发展。

2. 舞蹈教育功能性发展

舞蹈作为人体动作的艺术，在人类幼年时期就逐渐渗透到身体中，例如婴儿在学会说话之前就懂得用"手舞足蹈"的动作来表达他们的需求。舞蹈在人类的成长过程中被运用到各种重大活动中，使得舞蹈具有各类社会功能，如"祭祀与祈祷""交流与交谊""求偶"等，而最为重要的是舞蹈的教育功能。

在古代，统治阶级将舞蹈作为一种教育手段，据《礼记·内则》载："十有三年，学乐，诵诗，舞勺。成童舞象，学射御。二十而冠，始学礼，可以衣裘帛，舞大夏，惇行孝悌，博学不教，内而不出。"②，所谓"舞勺"，《勺》

---

① 隆荫培，徐尔充. 舞蹈艺术概论(修订版). 上海：上海音乐出版社，2013(3).
② 《十三经注疏》下册《礼记正义》卷二十八. 中华书局，1983年影印本：1471.

舞是周代的文舞，舞者持"籥"而舞，"籥"是一种管状乐器，通过《勺》舞用于学习周代礼节，十三岁时学习；所谓"舞象"，《象》舞是周代的武舞，舞者执"竿"而舞，用以强身健体，增强武功，十五岁时学习；所谓"大夏"，《大夏》是周代"六大舞"之一，郑氏注："言其德能大中国也"①，"言其德"正是歌颂的大禹治水的功德，《大夏》既包含了文舞也包含了武舞，属于祭祀所用，必须二十岁学习。通过上文可以看出，周代就已经将乐舞纳入贵族教育之中了，它伴随着一个人的成长，在不同的阶段学习不同的舞蹈形式，最终"惇行孝悌，博学不教，内而不出"，修养人性、塑造品格，使受教者成为学为人师、行为世范的楷模。② 在人类社会发展进程中，舞蹈的教育功能未曾间断，例如春秋战国时期，儒家学说极为强调"乐教"，即乐舞教育，《礼记·经解》有云："孔子曰：入其国其教可知也……广博易良，乐教也。"③ 他们认为乐舞是移风易俗的重要手段，应该重视乐舞的宣传和教化功能。

近现代社会，舞蹈的教育功能更加突出。红军时期的宣传队通过舞蹈大量地传播进步的革命思想，舞蹈成为有力的宣传武器，这一时期有著名的《丰收舞》《统一战线舞》《送郎当红军》等。1942年5月，毛泽东《在延安文艺座谈会上的讲话》的发表，促使革命舞蹈进一步发挥其独有的宣传教化功能，革命舞蹈工作者们采用符合劳动大众审美习惯的舞蹈艺术形式进行革命思想的宣讲，"新秧歌运动"由此而生，并以此传播真理，传颂胜利。

1949年11月，中央戏剧学院舞蹈团成立，作为新中国的第一个舞蹈专业团体，该团的成立也被看作是中国舞蹈教育的开端。20世纪50年代初，中国舞蹈艺术蓬勃发展，吴晓邦先生提出中国需要建立舞蹈学校的建议得到中央文化部的采纳，1952年年底开始筹建。1954年9月6日，北京舞蹈学校正式成立，我国著名舞蹈家戴爱莲担任校长，一个覆盖全国范围的具有专业舞蹈教育体系的学校逐渐走向大众舞台，标志着我国有规划、成规模的科学舞蹈教育事业建设进入正轨。

---

① 《十三经注疏》上册《周礼注疏》卷二十二，郑氏注．中华书局，1983年影印本：788．
② 王宁宁．中国古代乐舞史．太原：山西人民出版社，2009：215．
③ 《十三经注疏》下册《礼记正义》卷五十，中华书局，1983年影印本：1609．

二、学前舞蹈教育

(一) 学前教育与学前儿童舞蹈教育

1. 学前教育

学前教育指由幼儿园和家庭共同完成的针对 0~6 岁婴幼儿实施的教育。在教育过程中,教育者利用各种方法、各种物品,进行有针对、有系统、有目的、有计划的教育活动,科学性地对婴幼儿的大脑进行刺激。学前教育可以广义的理解为,凡是能够影响和促进儿童身体成长和认知、情感和意志、性格和行为等方面发展的活动,都可以说是学前教育。

幼儿时期的孩童处于身心各个方面的发展初级阶段,这一阶段的幼儿认知水平较低、语言能力偏弱、身心发展不够完善,但是他们具有较强的表现欲,可以通过有限的身体运动本能地展示自己、认识世界。科学、适当的学前教育对幼儿智力及其身体的发展有很大的作用。

2. 学前儿童舞蹈教育

学前儿童舞蹈教育特指针对学前儿童进行的舞蹈教育。

舞蹈是幼儿最喜欢的活动之一。幼儿舞蹈与日常游戏一样对幼儿产生着极大的吸引力,同时,幼儿舞蹈对幼儿的身心发展有着深刻、积极的影响,逐渐成为幼儿生活中必不可少的部分。因此,对于幼儿的生活和成长而言,幼儿舞蹈是他们美好生活的源泉,是他们进行思想表达、情感交流与友好交际的工具。幼儿舞蹈对于幼儿的审美能力、情感、身体、认知以及个性与社会性等方面的综合发展都有着极其重要的意义。幼儿舞蹈教育以生动的舞蹈形象为手段,以发展幼儿舞蹈能力为目标,是强调幼儿情感、情趣、个性等方面的一种艺术教育形式。

学前舞蹈教育是以学前儿童为主体,以符合学前儿童身心发展的舞蹈内容为教育内容的教育活动。学前舞蹈教育有广义与狭义之分。从广义来讲,凡是运用幼儿舞蹈为手段的教育形式都是学前舞蹈教育,比如目前普遍存在的社会舞蹈培训机构以及少年宫等机构进行的幼儿舞蹈教育;从狭义上来讲,学前舞蹈教育特指幼儿园开展的学前舞蹈教育。幼儿园开展的舞蹈教育大多数以发展幼儿的情感、情绪、智力与个性等方面为目标，而其他舞蹈培训机构进行的幼儿舞蹈教育则是以发展幼儿的舞蹈技能为目的，两者如果能够进行互相补充、促进、结合，则可以有效地为幼儿的发展与成长提供服务。

（二）学前儿童舞蹈教育认知

学前儿童舞蹈与日常开展的游戏活动一样对幼儿产生着极大的吸引力，同时，学前儿童舞蹈对儿童的身心发展有着深刻、积极的影响，逐渐成为儿童生活与学习过程中必不可少的部分。因此，对于儿童的生活和成长而言，学前儿童舞蹈是他们美好生活的源泉，是他们进行思想表达、情感交流与友好交际的工具。学前儿童舞蹈对于儿童的审美能力、情感、身体、认知以及个性与社会性等方面的综合发展都有着极其重要的意义。学前儿童舞蹈教育以生动的舞蹈形象为手段，以发展儿童舞蹈能力为目标，是强调幼儿情感、情趣、个性等方面的一种艺术教育形式。

1. 学前儿童舞蹈教育的中心与作用

（1）学前儿童舞蹈教育的中心

学生（儿童）是教育的起点，也是最终受益方，所有的教育目标均是指向学生；学校和课程，是作为教育的工具连接学生与社会，形成一种教育沟通的桥梁；社会，是教育的目的，是通过教育让学生最终走向社会，在社会中寻找自身的价值。

学前儿童舞蹈教育是专门以儿童为对象进行的舞蹈教育。从实践性看，它是以学前儿童为主体、以符合学前儿童身心发展的舞蹈为内容进行的教育活动，其教育的中心是儿童，舞蹈教育方式和内容的选择应以"是否能够促进儿童的身心发展"为依据，以是否反映他们的生活、游戏、情感，以是否有直观形象、纯真活泼、贴近儿童的特点为评判标准。

（2）学前儿童舞蹈教育的作用

学前儿童舞蹈教育是对儿童进行艺术教育的重要途径，是素质教育的重要内容，在促进儿童的身心健康，提高幼儿的审美能力，增强儿童的社会性发展等方面起到尤为重要的作用。

第一，增强儿童体质，促进身体发育。身体发育指儿童在身体形态、身体机能以及身体体能方面的发展，身体形态包含身高、体重、胸围等外部形状和特征；身体机能包含人的整体以及组成的器官与系统；身体体能包含身体素质和基本动作技能等人在从事身体活动时表现出来的能力。

学前儿童舞蹈与儿童体育活动一样都具有促进身体健康的作用。儿童在"学前"这一阶段爱动、爱模仿，喜欢通过身体语言进行表达，学前儿童舞蹈因其特殊的直观形象、生动活泼、富有情趣等特性深受儿童的喜爱。儿童在接受舞蹈教育后，有助于生理的各项发展，促进骨骼、肌肉、神经系统、呼吸系统等机体的发展，增强体质，提高儿童动作的稳定性、协调性与灵活性。学前儿童舞蹈的训练，还有助于改善部分儿童的不良体态：含胸、驼背、弓腰、端肩等，塑造较为挺拔的身体形态，促进儿童的身体健康发展。

第二，提升儿童智力，促进认知发展。智力一般指观察力、判断力、记忆力、抽象思维能力和事件活动能力的总和。智力的开发就是有效地促进大脑机能的提高，加强大脑整体的开发和利用，以及对大脑发育的培养。儿童在反复多次的舞蹈活动中，手、眼、心、脑进行多感官配合，可以锻炼其观察力、模仿力、记忆力，培养他们专注的思想品质，促进想象力和创造力的发展。

学前儿童舞蹈活动与其认知活动关系密切，儿童在舞蹈中，跟随音乐，运用舞蹈技能，大胆创造、释放表演，完成各种身形的转换，呈现灵动的舞姿，有助于儿童右脑的开发，促进其创造性思维的发展，提升儿童的智力。认知，是人的全面认识过程及其品质的总称。包括感知觉、记忆、思维、想象等多方面要素。认知是儿童学习能力的重要组成部分。儿童天生就具有学习的能力，但是这种能力如果在某一阶段发展缓慢或停滞不前就会形成学习障碍，影响幼儿的认知能力形成和全面健康发展。组织儿童参加舞蹈活动，可以使儿童体力充沛、精神饱满、情绪愉悦，在这种状态下，有利于他们进行积极的思维活动，促使大脑潜能的有效开发。

第三，美育与素质教育功能。学前儿童舞蹈作为艺术教育的重要形式之一，具有美育与素质教育的功能。从人的终身学习与终身发展来讲，学前阶段是重要的"开蒙"阶段，儿童在这一时期对生活的"真、善、美"的认识是其美育认知的重要内容。舞蹈过程中，儿童可以逐渐形成认识美、感受美、表现美、创作美的能力。舞蹈音乐可以培养儿童的音乐感和节奏感，舞蹈服饰可以培养儿童对色彩的欣赏能力，舞蹈动作可以培养儿童肢体的协调与灵活能力，多变的舞蹈主题可以培养儿童感知生活、体味生活的能力。在美育指引下完善德、智、体、美的融合，达到素质教育的效果。

学前儿童舞蹈教育的实质是情感教育，是人对其所设想拥有的社会需要是否得到满足而产生的内心体验。儿童时期的情感十分不稳定，易变性很大，易发脾气，任性。如果在这一时期能给予儿童积极的情感、情绪体验，对他们的心理发展有很大的正面影响。

舞蹈是用身体来表现精神生活的艺术，学前儿童舞蹈取材于儿童的生活，也反映着儿童的情绪、情感以及精神风貌。在学前儿童舞蹈教学中，多多地设置一些热爱生活、热爱小动物、热爱父母等的情境，表演一些遵守社会规则的形象，可以逐渐培养幼儿良好的道德修养，使他们能够产生强烈的情绪共鸣和情感体验。

第四，热爱舞蹈、认识自己、着眼世界。学前儿童舞蹈教育过程中，一方面由于舞蹈与音乐的紧密结合，使儿童在对音乐感受和认识上有了很大的提高，进而促进儿童通过身体感受和表现音乐的能力；另一方面，丰富多彩的舞蹈文化在呈现时能够拓宽孩子的知识视野，促进儿童对传统文化的学习和传承以及对世界的认识，可以丰富儿童的想象力和思考力，使幼儿更加地热爱舞蹈。

通过各种形式的舞蹈学习，使儿童更加熟悉身体，"熟悉身体"是学前儿童舞蹈"本体"价值的体现，也是其个性发展的表达。个性，是指在一定的社会历史条件下，个体所具有的意识倾向以及经常出现的、较稳定的心理特征的总和。学前儿童舞蹈活动中，儿童积极地参与集体活动，体验成功的愉悦，感受同伴的关爱，接受教师的赞扬，使其形成自信、大方、自尊、坚强勇敢的良好个性，培养其良好的道德品格、活泼开朗的性格。同时，学前儿童舞蹈在培养儿童各项能力的同时，其艺术形式内在的特性和感染力可以唤醒儿童的主体意识，促进儿童的个性发展。

在学前儿童舞蹈教育中，儿童可以通过身体去了解社会、感知世界，这是人的社会性的展现。儿童的社会性，是儿童在与同伴交流中，在团体游戏中能够表现出尊重、分享、遵守规则的行为。学前儿童舞蹈可以提高儿童的交际能力，开拓儿童的交流手段，培养儿童的交往观念和交往技能。在集体性质的舞蹈活动中，促使儿童形成集体意识，体验社会生活中的不同角色，建立与他人合作、互帮互助的人际关系，发展儿童的社会性能力。儿童通过肢体的感受去了解世界，再通过肢体的表现去诉说着对世界的认识。

三、学前教育专业舞蹈

（一）学前教育专业舞蹈认知

学前教育专业舞蹈究其本质是作为高校学前教育专业开设的一门专业必修课，属于基础、普及视野下的成人舞蹈教学范畴。该课程注重舞蹈基本功与形体训练、儿童舞蹈创编技能培养、儿童舞蹈教学运用以及综合素质的提升等。舞蹈作为学前教育五大领域中艺术领域的重要组成部分，是今后幼儿教师工作生涯中的必备技能，也是检验一名优秀幼师的专业能力与教学实践能力的重要指标。

学前教育专业舞蹈课是传统艺术类舞蹈课程与学前教育专业结合而形成的一种典型的教学形式，其教学虽然融专业性、系统性为一体，但又无法达到传统艺术类舞蹈教学的艺术高度，同时，该课程依托学前教育专业，形成了独有的教学特色。

（二）舞蹈对学前教育专业人才培养的意义

1. 身心层面的发展

学前教育专业学生绝大部分在进入本专业学习以前没有系统地接触过舞蹈专业训练，不具备舞蹈所要求的身体与心理素质，在舞蹈教学与训练过程中，科学、系统的形体训练方式可以修饰学生自然的体态，纠正学生不良的身体习惯，从而获得健康、自然、挺拔、直立、优美的身体体态。各类舞蹈形式的融合训练使得学生身体灵活性、协调性、柔韧度、张弛度以及延伸感、节奏性等方面均有所提高。在学习舞蹈的过程中，学生的身体素质得以提升，各项生理机能得到增强，身体综合能力全面发展。

学前教育专业学生学习舞蹈的过程是漫长且艰难的，身体素质、创新意识、情绪表达等方面均弱于舞蹈专业学生，因此，学前教育专业学生掌握舞蹈技能的过程就是一个"笨鸟先飞"的过程，只有通过百倍的努力才能完成舞蹈素质全面提升的要求。在学习舞蹈的过程中，既有伤痛，也有汗水，需要极大的勇气与坚强的意志去支撑。这个过程同样是享受的过程，在舞蹈这一美的艺术殿堂内，学生通过日复一日的练习，最终会自信且骄傲地从宽敞的教室走向明亮的舞台，"气质高雅""动作优美""情感丰富""形象大方"这些赞美的话语是对学前教育专业学生努力学习舞蹈的最佳赞赏，而通过舞蹈，对学生心理健康发展起到的促进作用则是毋庸置疑的。

2. 审美层面的提高

审美教育即美感教育，是通过美的教育培养人们在审美方面具备良好认知能力的活动。学前教育专业舞蹈教育是审美教育的一种，通过舞蹈教学可以激发学生的审美意识，在审美意识的形成过程中，教师要激发学生对舞蹈的兴趣，使之热爱舞蹈、感受舞蹈，并能应用舞蹈。

一方面，利用舞蹈鉴赏课提升学生对舞蹈的积极性。教师通过对经典舞蹈作品的讲解，丰富学生的舞蹈储备，提升学生的鉴赏能力与审美能力，激发学生的舞蹈兴趣，在学生对舞蹈产生浓厚的兴趣之后，以积极的状态将被动学习变为主动学习，可以自主地进行美的再教育。

另一方面，学生在参与各种比赛、演出等实践活动以及各类讲座、培训中提升舞蹈审美，既是在文化素养结合实践运用中的审美再创造，又是在各种学术氛围中营造的审美再吸收。

3. 个性层面的塑造

每个学生都是一个独立的个体，有自己独特的行为方式、思维方式与学习方式，他们对于舞蹈艺术的认知是不同的，体会、认知、探索舞蹈事物的能力也不同。普遍来看，学前教育专业舞蹈教学是以集体教学为主的教学模式，当然，也并没有忽视个体差异性的存在，教师依靠自己的教学经验、教学智慧在平衡个体与群体之间的关系上面不断进行创新与改革，强调学生个性的塑造。

4. 职业层面的建构

职业需求是教育实用性层面的目的展现。学前教育专业舞蹈技能的训练，其目的是使学生能够在幼儿园或其他幼教机构的教学中，运用扎实的舞蹈技能为幼儿带来实用的教学设计，并以舞蹈为主要实施抓手，辅助以音乐、讲故事等形式，使教学更优化，效果更显著。同时，幼儿园教师"一日生活"的安排与组织都离不开舞蹈技能的应用，在早操中、游戏活动中、教育活动中以儿童舞蹈为主导或作为内容穿插，可以使活动变得更加有趣，学生也能够乐意接受。

第二节　儿童立场下学前教育专业舞蹈教学体系的思考

一、学前教育专业舞蹈教学体系构成

（一）教学

教学，指教育者将知识或技能传授给被教育者的过程，是由教育者主导进行的一种以特定文化为内容，通过信息传递，使受教育者接受该特定文化的活动。

教学在目的论与工具论层面有着两种概念理解：第一，从目的论的角度，认为教学是人类有意识的活动。第二，从工具论或者方法论理解，是以教师和学生之间的社会化交往为前提和形式的心理和行为变化的过程。[①]《尚书·兑命》载："教学半"，意为教学应强调"先学后教，教中又学"。表明教学过程是"教师"与"学生"两个主体间的一种沟通活动，契合当代教育理念下，学生作为教学的主体，应该更多地参与到教学活动中，实现"教融于学""学中有教"的教学新形态。

[①] 汪洋. "卓越教师"视域下的高师美术学（教师教育）本科专业课程体系与教学实践研究. 博士学位论文，华东师范大学，2018：24.

（二）教学体系

"体系"一词在《辞海》中被定义为"由若干有关事物互相联系、互相制约而构成的一个整体"①。在《现代汉语词典》中被定义为："若干有关事物或某些意识互相联系而构成的一个整体"②。教学体系由构成教学活动的多个要素互相联系、互相影响，组成一个整体，是为实现一定教学、教育目的，由组成教学活动的主要因素通过相互作用、相互影响而构成的一个系统。

那么，教学体系到底由哪些要素构成呢？学界关于教学体系构成要素的具体组成，有著名的"三要素"说、"四要素"说、"五要素"说、"六要素"说、"七要素"说等。（见表1-1）

表1-1 教学体系构成要素

要素构成学说	要素组成部分
三要素	教师、学生、教学内容（或教材、人员、信息、物质）
四要素	教师、学生、教学内容、教学手段
五要素	教师、学生、教材、工具、方法
六要素	教师、学生、教学内容、教学工具、时间、空间
七要素	学生、教师、教学目的、教学内容、教学方法、教学环境、教学反馈

其中最具代表性的是"三要素"说与"七要素"说。"三要素"认为教学体系是由教师、学生与教学内容构成的，在现实中缺少三者中的任何一个要素都无法构成完整的教学体系。早期，南斯拉夫学者弗拉基米尔·鲍良克认为"教师、学生、教学内容是教学的三个基本要素，他被称为教学论的三角形，无论失去其中的哪一个，都不称其为教学"③。日本学者长谷川荣这样表述教学体系的要素构成"一般认为教学的基本因素有三个：教师、儿童和教材，这三者之间的关系称之为'教学论三角形'"。④

---

① 辞海编辑委员会. 辞海. 上海：上海辞书出版社，2000：274.
② 中国社会科学院语言研究所词典编辑室. 现代汉语词典. 北京：商务印书馆，1999：1241.
③ 弗拉基米尔·鲍良克. 教学论. 叶澜译. 福州：福建人民出版社，1984：17.
④ 日本筑波大学教育学研究会. 现代教育基础[M]. 钟启泉译. 上海：上海教育出版社，20003：280.

"七要素"说以我国著名的教学论专家李秉德先生为代表,他认为教学体系有七个构成要素,包含:学生、教师、教学目的、课程、教学方法、教学环境和教学反馈。学生是教学体系的主体;教师是各要素之间联结的中介,多数要素都是通过教师影响学生;目的需要通过课程与方法才能达成;课程即教学内容,包含课程大纲、方案、标准以及教材等;方法是达成目的的手段,包含教学方法、教学设计等;环境是教学发生的时空场所;反馈是教学评价与教学管理的体现。[①] 在对教学体系做进一步研究时,有学者认为要区分教学体系的构成性要素与影响性要素,所谓构成性要素可以理解为教学体系中必不可少的要素,不可或缺,包含学生、教师、教学内容。影响性要素则是对构成性要素有着紧密的联系,对教学进程产生一定的影响,包含教学目的、教学方法、教学环境与教学反馈。教学体系的建构只有在构成性要素与影响性要素全部集中一体时,才能使教学活动产生高质量的效果。

(三)学前教育专业舞蹈教学体系

实践教学与职业教育的发展相伴而生,是职业教育话语系统的核心,是实现职业人才培养目标的主体性教学之一。当前,国家大力倡导职业教育,重视师范生实践能力培养,学前教育专业因其实践教学特色鲜明理应走在职业教育的前列,而舞蹈作为学前教育专业的技能课程之一,更应该建立职业特色鲜明、实践教学浓厚的学前教育专业舞蹈教学体系。因此,学前教育专业舞蹈教学体系的建立既要包含传统教学体系的全部要素,又要借鉴、融合实践教学体系的结构要素形式。

职业教育中的实践教学指院校根据不同专业的培养目标,按照工学结合的人才培养模式,以完成一定的工作任务,借助特定的项目训练为主要形式,以鼓励学生主动参与、主动探索、主动思考为基本特征,以掌握相应岗位技能,养成一定的职业态度并以提高职业素养和职业能力为目的的教学。[②] 实践教学体系由实践教学活动中的多种要素有机整合构成,包含活动目标、活动

[①] 李秉德. 教学论. 北京: 人民教育出版社, 1991: 10-16.

[②] 张晋. 高等职业教育实践教学体系构建研究. 博士学位论文, 华东师范大学, 2008: 24.

内容、活动管理以及活动条件等要素，围绕本专业的人才培养目标，通过合理的课程设置，制定相应的教学计划，配合实践教学的各个环节，与理论教学体系相辅相成组成的教学体系。

诸多学者对实践教学体系构成要素阐述了不同的理解。如早期吴忠良认为实践教学体系要素包括实践教学目标、实践教学内容、实践教学方法与实践教学手段。① 刘文娟认为实践教学体系要素包含实践教学主导、实践教学主体、实践教学目的、实践教学内容、实践教学保障、实践教学管理②。杨秋认为实践教学体系要素是由专业实践教学目标、专业实践教学内容与实施、专业实践教学评价、专业实践教学保障构成③。除此之外，还有很多专家与学者对实践教学体系构成要素提出了不同的见解，限于文章篇幅，此处不再赘论。

在学前教育专业领域，也有关于学前教育专业实践教学要素的探讨，如刘乐天从职业人的角度理解学前教育专业实践教学的内涵，认为实践教学是以亲身经历和动手操作为主的多种教学活动的总称，包括课堂实践、实训、课外活动、校外见习、实习等多种形式和途径④。事实上，实践教学体系的结构从构成要素来看，既离不开教师、学生与课程这三个要素，但又不局限于这三个要素。它的体系构成要素主要应包括教学理念和教学目标、培养方案和课程体系、教学模式和环境支撑、管理机构和制度建设⑤。

本研究视域内，学前教育专业舞蹈教学体系的建构是在传统教学体系的全部要素基础上，吸收、融汇实践教学体系的结构要素形式，形成了包含教学目标、教学内容、教学环境、教学方法、教学主体、教学资源、教学评价等要素在内的具有学前教育与舞蹈艺术教育特色的教学体系。

----

① 吴忠良. 高职实践教学的性质、特点及构成要素探析[J]. 十堰职业技术学报，2005（3）：29-31.
② 刘文娟. 高校思想政治理论课实践教学体系的要素解析[J]. 深圳信息职业技术学院学报，2007（3）：40-44.
③ 杨秋. 应用型高校学前教育本科专业实践教学及运行机制现状研究[D]. 重庆：重庆大学，2017：5.
④ 刘乐天. "职业人"视角下的中职学前教育专业实践教学策略研究[D]. 石家庄：河北师范大学，2016：3.
⑤ 张晋. 高等职业教育实践教学体系构建研究. 博士学位论文，华东师范大学，2008：27.

二、学前教育专业舞蹈教学现状

（一）调查对象

本研究调查对象分为学生群体（学前教育专业在校学生、毕业生若干）、教师群体（学前教育专业在职舞蹈教师）、幼儿园管理者（普通幼师、园长）等，调查样本来源于三所开设学前教育专业的师范类高校与 8 所幼儿园（2 所民办园、6 所公办园）。

（二）调查内容

舞蹈课作为学前教育专业实践必修课程之一，关系着其将来职业技能的掌握程度，舞蹈教学水平也影响着学前教育专业的整体发展。本研究基于对当前我国学前教育专业相关政策的研读，依据 2017 年 10 月教育部印发的《普通高等学校师范类专业认证实施办法（暂行）》中关于学前教育专业认证标准（第二级）第三部分——"课程与教学"的五个维度，分别以课程设置、课程结构、课程内容、课程实施、课程评价五个方面为主要观测参考，并辅助观测师资队伍建设情况与学生学情分析，制定调查问卷，问卷内容包括：学生舞蹈学习基本情况、师资队伍基本情况、教学目标情况、教学内容情况、教学环境情况、教学评价情况以及关于学前教育专业舞蹈教学的期待。

研究结果的呈现与分析将对学前教育专业舞蹈教学体系的建构提供数据支撑。

（三）调查方法

本研究面对不同的群体采取不同的调查与研究方法。针对数量众多的学生群体采用问卷调查法，从量化角度对学前教育专业舞蹈课程的教学现状进行深入了解。本次调查问卷的发放通过学校层面进行，以官方渠道向三所学校共 18 个班级（每所学校选择 3 个年级，每个年级选择 2 个班）以及部分毕业生发放。共下发 873 份问卷，回收 870 份问卷，回收率达 99.7%。

对高校学前教育专业舞蹈教师、幼儿园管理者采用问卷调查法与访谈法相结合的形式进行。共发放问卷50份（舞蹈教师26份，幼儿园教师24份），回收问卷50份，回收率达100%。访谈法采用"线上+线下"相结合的形式开展，本地区教师采用线下访谈，访谈场所选择安静的办公室、图书馆等地进行，市外其他地区教师采用线上访谈的形式。

本研究对所有调查数据进行统计整理，访谈内容在征得受访者同意后进行录音，经过整理之后形成访谈的原始文本资料并经过分析予以呈现。

（四）调查结果与问题分析

1. 学生舞蹈学习情况调查结果与分析

从问卷发放来看，三所院校同属师范类专科高校，18个班级的选定按照年级（一、二、三年级）、班级（每个年级选2个班）、人数（平均每班≈45人）进行抽选，样本具有一定的代表性，可以显示当前学前教育专业学生的基本情况。

由表1-2可知：①随着国家对幼教事业的支持以及对高校师范专业的扶持，学前教育专业人数正在逐年增长，学前教育专业人数越来较多；②男女比例由2020年的1∶15增长到2022年的1∶10，男幼师人数虽有所增加，但仍然远远低于学前教育专业女生的数量，性别比例严重失衡。

表1-2 学前教育专业受访人群性别比例

性别 \ 年级	一年级（2022级）	二年级（2021级）	三年级（2020级）	毕业生
女	257	252	250	30
男	26	18	17	20
合计（人数）	283	270	267	50
男女比例（≈）	1∶10	1∶14	1∶15	/

由表1-3可知：①学前教育专业学生大多数没有经历过舞蹈训练，属于零基础的占50%~63%；②极少数学生接受过专业、系统的训练，舞蹈基本功扎实，舞蹈能力较强，后经过与此类学生的进一步交流，发现有1%的学生是舞蹈艺考落榜生，被调剂到学前教育专业；③对舞蹈有过接触性训练的同学占

29%~38%，这类学生曾经参与过舞蹈类的节目演出或比赛，多数没有舞蹈功底；④少量同学有过舞蹈的初级训练，占比为7%~12%，他们在特定的时期（如儿童时期、高中时期），进行过短时的训练，如校外业余培训机构的训练，该群体了解舞蹈的基础性知识，舞蹈基本功一般，能力中等。

表1-3 学前教育专业学生入学前学习舞蹈情况统计

类型 年级	系统训练 人数	系统训练 比例	初级训练 人数	初级训练 比例	接触性训练 人数	接触性训练 比例	无训练 人数	无训练 比例
一年级（283人）	4	1%	22	8%	98	35%	159	56%
二年级（270人）	2	<1%	18	7%	90	33%	160	59%
三年级（267人）	2	<1%	19	7%	78	29%	168	63%
毕业生（50人）	0	0	6	12%	19	38%	25	50%

由表1-4可知：①只有少数的学生表现出对舞蹈"没兴趣"，占比为6%~14%；②多数同学对舞蹈还是有一定兴趣的，只是兴趣程度不同，集中在"感兴趣"和"一般"程度之间的学生较多；③随着年级的上升以及舞蹈教学的长久介入，学生对舞蹈的兴趣程度明显提高，尤其是在走上工作岗位之后，由于教学的需要对舞蹈的需求更加明显，感兴趣程度也相应提升。

表1-4 学前教育专业学生对舞蹈的兴趣程度统计

程度 年级	非常感兴趣 人数	非常感兴趣 比例	感兴趣 人数	感兴趣 比例	一般 人数	一般 比例	没兴趣 人数	没兴趣 比例
一年级（283人）	28	10%	113	40%	102	36%	40	14%
二年级（270人）	32	12%	116	43%	95	35%	27	10%
三年级（267人）	35	13%	123	46%	88	33%	21	8%
毕业生（50人）	15	30%	28	56%	4	8%	3	6%

2. 学前教育专业舞蹈师资队伍情况分析

由表1-5可知：①三所院校的学前教育专业舞蹈教师在年龄分布上，各个年龄段均有，多以中青年为主，有经验的老教师占比较少，这是当前学前教育专业教师年龄分布的普遍现象；②教师学历以硕士研究生学历为主，部分早年参加工作的教师多为本科学历，仅有一位博士（在读）；③教师职称以中级和初级为主，高级职称较少，可以看出中级职称依然是学前教育专业舞蹈教学的主力；④学前教育专业舞蹈教师在性别比例层面依然处于不协调的结构组成，男性教师极度缺乏。

表1-5　学前教育专业舞蹈师资队伍基本情况

学校\类别	年龄 <35	年龄 35~50	年龄 >50	学历 本科	学历 硕士	学历 博士	职称 初级	职称 中级	职称 高级	性别 男	性别 女
A学校（8人）	3	4	1	2	6	0	2	5	1	2	6
B学校（10人）	5	3	2	3	6	1	3	5	2	2	8
C学校（8人）	4	2	2	2	6	0	3	4	1	1	7

由表1-6可知：①学前教育专业舞蹈教师多数从师范类院校毕业，所学专业以舞蹈学、舞蹈教育为主，此类教师教学能力丰富，有一定的专业能力，专业相关度高；②少数教师是专业院校舞蹈相关专业毕业，此类教师的舞蹈功底扎实，专业相关度极高，但是缺少一定的教育教学经验；③也有部分教师是从师范类院校的其他专业毕业，专业相关度不高，舞蹈专业能力不强。

表1-6　学前教育专业舞蹈教师专业相关度

学校\毕业院校	师范类院校A 人数	专业院校 人数	师范类院校B 人数
A学校（8人）	6	1	1
B学校（10人）	7	2	1
C学校（8人）	6	0	2

注：师范类院校A：舞蹈学、舞蹈教育、舞蹈表演等专业；专业院校：舞蹈学、舞蹈教育、舞蹈表演等专业；师范类院校B：音乐类专业、教育类专业等

3. 教学目标调查结果与分析

（1）学生层面的问卷调查

由表1-7可知：①学前教育专业学生对舞蹈教学目标处于"基本明确"与"明确"的程度，少部分同学对舞蹈教学目标"不明确"；②一年级学生

对舞蹈教学目标的"不明确"度最高,随着舞蹈教学的逐步加深,学生对舞蹈教学更加了解之后,其舞蹈目标明确程度逐渐增长。

表1-7 学生对舞蹈教学目标的明确程度

程度 年级	明确 人数	明确 比例	基本明确 人数	基本明确 比例	不明确 人数	不明确 比例
一年级(283人)	57	20%	141	50%	85	30%
二年级(270人)	65	24%	176	65%	29	11%
三年级(267人)	96	36%	160	60%	11	4%
毕业生(50人)	26	52%	23	46%	1	2%

(2)教师层面的问卷调查

由表1-8可知:在学前教育专业舞蹈教学应该培养学生哪些能力层面的认知上,多数老师将教学能力依次定位在舞蹈技能掌握、从教应用能力、审美鉴赏能力以及创新思维能力之上,对于舞蹈知识理论与舞蹈带给学生的教育情怀浸润层面没有过多的关注。

表1-8 舞蹈教学应该培养学生哪些方面的能力(教师问卷)

层次 能力	十分重要 人数	十分重要 比例	重要 人数	重要 比例	基本重要 人数	基本重要 比例	不重要 人数	不重要 比例
舞蹈技能掌握	26	100%	0	0%	0	0%	0	0%
理论知识掌握	12	46%	11	42%	2	8%	1	4%
从教应用能力	20	77%	5	19%	1	4%	0	0%
教育情怀	10	38.5%	10	38.5%	6	23%	0	0%
创新思维能力	18	69.2%	4	15.4%	4	15.4%	0	0%
审美鉴赏能力	19	73%	5	19%	2	8%	0	0%

(3)幼儿园管理人员的问卷调查

由表1-9可知:①在教学目标问题上,对于学生能力培养层面,幼儿园管理者与高校教师在"从教能力""舞蹈技能"层面的选择是一致的;②对"教育情怀"层面的认知有所不同,幼儿园管理者更认同"教育情怀"在能力中的重要性；③幼儿园管理者在"创新思维""审美鉴赏""理论知识"层面的认同感上低于其他能力。

表 1-9　舞蹈教学应该培养学生哪些方面的能力（幼儿园管理者问卷）

能力＼层次	十分重要 人数	十分重要 比例	重要 人数	重要 比例	基本重要 人数	基本重要 比例	不重要 人数	不重要 比例
舞蹈技能	22	92%	2	8%	0	0%	0	0%
理论知识	3	12.5%	2	8%	10	42%	9	37.5%
从教能力	24	100%	0	0%	0	0%	0	0%
教育情怀	22	92%	1	4%	1	4%	0	0%
创新思维	8	33%	12	50%	4	17%	0	0%
审美鉴赏	5	21%	14	58%	5	21%	0	0%

4. 教学内容调查结果与分析

（1）学生层面的问卷调查

由表 1-10 可知：①流行舞是学前教育专业学生最喜爱的舞蹈种类，各年级占比均超过 70%；②其次受学前教育专业学生喜爱的是儿童舞蹈，比例随着年级递增，从二年级开始比例超过 60%；③民族民间舞、古典舞、现代舞与儿童舞蹈所占比例几乎持平；④芭蕾基训与基本功训练比较不受学生喜爱。

表 1-10　你喜欢学习哪种舞蹈（多选）

年级＼舞种	基本功训练	芭蕾基训	民族民间舞	中国古典舞	儿童舞蹈	现代舞	流行舞
一年级（283 人）	10%	11%	30%	25%	47%	36%	70%
二年级（270 人）	15%	10%	42%	33%	60%	42%	77%
三年级（267 人）	8%	9%	47%	45%	73%	40%	80%
毕业生（50 人）	11%	18%	46%	46%	77%	41%	80%

根据三所院校实际开设的舞蹈课程进行了该部分的问卷设计，综合"表 1-10 你喜欢学习哪种舞蹈"的数据，可以看出：①从二年级开始，对儿童舞蹈（创编）的岗位需求认知度逐年提高，三年级学生和毕业生普遍认为儿童

舞蹈（创编）对今后的幼儿教学有很大的帮助；②学生对舞蹈的喜好并没有直接影响院校舞蹈教学内容的选择，如大多数学生喜爱流行舞，但是三所院校均未开设此课程，而毕业生的数据选择证明了幼儿园岗位并不会过多的需要流行舞这一舞种；③学生对舞蹈的喜爱程度与教学岗位对舞蹈的需求不成正比，如在校生大多不会认识到芭蕾基训的重要性，对芭蕾的喜爱程度仅占10%，而在进入工作岗位之后，从教师教态的要求、形象气质的提升层面迫切需求芭蕾基训重新进入到自身舞蹈学习视域内，对芭蕾的需求度提升至52%（见表1-11）。

表1-11 你认为哪些舞蹈教学内容对今后的工作有帮助（多选）

年级＼舞种	基本功训练	芭蕾基训	民族民间舞	中国古典舞	现代舞（流行舞）	儿童舞蹈（创编）
一年级（283人）	17%	10%	31%	20%	70%	15%
二年级（270人）	13%	17%	44%	33%	66%	35%
三年级（267人）	16%	19%	40%	30%	52%	70%
毕业生（50人）	18%	52%	32%	35%	23%	86%

与舞蹈相关的实践经历指：参与舞蹈演出、舞蹈比赛，校外舞蹈培训机构兼职以及去幼儿园进行舞蹈相关的见习与实习。由表1-12可知：随着年级的上升，学前教育专业舞蹈相关实践经历逐渐丰富，一方面证明了学生愿意参与到各类演出、兼职、比赛等提升实践经验的活动中来，另一方面也表明学校或教师为学生提供了相应的见习、实习机会，促使学生将所学舞蹈知识应用于实践。

表1-12 在校期间有舞蹈相关的实践经历

年级＼程度	经常有 人数	经常有 比例	偶尔有 人数	偶尔有 比例	没有 人数	没有 比例
一年级（283人）	28	10%	57	20%	198	70%
二年级（270人）	116	43%	73	27%	81	30%
三年级（267人）	219	82%	27	10%	21	8%

续表

程度 年级	经常有 人数	经常有 比例	偶尔有 人数	偶尔有 比例	没有 人数	没有 比例
毕业生（50人）	48	96%	1	2%	1	2%

由表 1-13 可知：①对当前学前教育专业舞蹈教学内容呈现"比较满意"的学生基本保持在 50% 左右，略有降低；②少部分学生对舞蹈教学内容的满意程度表现为"说不好"，呈左右摇摆的状态，保持在 20%～30%；③随着年级的上升，"不满意"的同学占比略有增加，在三年级阶段出现了"很不满意"的情况，说明随着舞蹈教学的深层次开展，学生对舞蹈内容的不满意因素变多，也从侧面反映了进行舞蹈教学内容改革的必要性和紧迫性。

表 1-13 你是否满意当前的舞蹈教学内容

程度 年级	非常满意 人数	非常满意 比例	比较满意 人数	比较满意 比例	说不好 人数	说不好 比例	不满意 人数	不满意 比例	很不满意 人数	很不满意 比例
一年级（283人）	17	6%	147	52%	85	30%	34	12%	0	0%
二年级（270人）	22	8%	138	51%	59	22%	51	19%	0	0%
三年级（267人）	8	3%	123	46%	80	30%	53	20%	3	1%
毕业生（50人）	/	/	/	/	/	/	/	/	/	/

（2）教师层面的问卷调查与访谈

由表 1-14 可知，针对教师对"当前教学内容能否满足学生能力的培养"的问题，在"可以满足"和"不可以满足"两个选项中，选择"可以满足"和"不可以满足"的教师人数比为 15∶11，多数老师认为当前教学内容可以满足对学生能力的培养需求。在笔者与选择"不可以满足"的教师进行访谈时，教学内容大多数由任课教师选择，有一定的自主性，也造成了"随意性"，导致学生能力发展不均衡。B 教师说：技能层面的内容过多，导致学生把舞蹈课当成了纯粹的身体运动，忽视了思维创作、审美构建以及精神空间的塑造。C 教师说：教学内容不"落地"，教材多选用专业院校教材，不适合学前教育专业学生，因此对学生能力的培养也不尽人意。

表 1-14　当前教学内容能否满足学生能力的培养

学校＼满足程度	可以满足人数	不可以满足人数
A 学校（8人）	5	3
B 学校（10人）	6	4
C 学校（8人）	4	4

（3）幼儿园管理人员的问卷调查

由表 1-15 可知：从幼儿园管理者与幼儿园一线教师的角度来看，当前学前教育专业舞蹈教学内容"勉强满足"幼师岗位需求。也有部分教师或管理者认为当前舞蹈教学内容"不可以满足幼师岗位需求"。因此学前教育专业舞蹈教学内容的选择与设计应探索与幼儿园的合作机制，注重以岗位需求为依据，以应用型人才培养为依托，加强课堂内容与实践应用的有效结合，才能在"校—企"之间有效过渡，从而使教学内容更好地满足幼师岗位。

表 1-15　当前舞蹈教学内容能否满足幼师岗位

学校＼满足	可以满足人数	勉强满足人数	不可以满足人数
园长（4人）	0	3	1
教学副园长（6人）	1	4	1
普通教师（14人）	3	8	3

4. 教学环境调查结果与分析

（1）学生层面的问卷调查

由表 1-16 可知：①有 44% 以上的同学对舞蹈课堂教学设施"比较满意"，除毕业生以外，约 30% 左右的学生选择了"非常满意"，可见当前学前教育学生对舞蹈课堂教学设施的满意度比较一般；②选择"说不好""不满意"的学生虽然占了较少的比例，也表明当前舞蹈课堂教学设施还有改善的空间。

表 1-16　你对舞蹈课堂教学设施满意吗？

满意程度 年级	非常满意 人数	非常满意 比例	比较满意 人数	比较满意 比例	说不好 人数	说不好 比例	不满意 人数	不满意 比例	很不满意 人数	很不满意 比例
一年级（283 人）	85	30%	133	47%	28	10%	34	12%	3	1%
二年级（270 人）	73	27%	132	49%	30	11%	35	13%	0	0%
三年级（267 人）	75	28%	117	44%	24	9%	43	16%	8	3%
毕业生（50 人）	8	16%	27	54%	4	8%	10	20%	1	2%

由表 1-17 可知：①对课堂教学氛围的满意程度相较于课堂教学设施的满意程度略有提升，约 50% 左右的同学选择了"比较满意"，除毕业生以外，约 25% 左右的学生选择了"非常满意"，可见当前学前教育学生对舞蹈课堂教学氛围的呈现较大的满意度；②选择"说不好""不满意"的学生约占 25%，表明当前舞蹈课堂教学氛围需要作出一定的调整，提高满意度。

表 1-17　你对舞蹈课堂教学氛围满意吗？

满意程度 年级	非常满意 人数	非常满意 比例	比较满意 人数	比较满意 比例	说不好 人数	说不好 比例	不满意 人数	不满意 比例	很不满意 人数	很不满意 比例
一年级（283 人）	76	27%	142	50%	31	11%	34	12%	0	0%
二年级（270 人）	62	23%	135	50%	38	14%	30	11%	5	2%
三年级（267 人）	61	23%	131	49%	32	12%	40	15%	3	1%
毕业生（50 人）	7	14%	28	56%	6	12%	9	18%	0	0%

（2）教师层面的问卷调查

由表 1-18 可知：所有教师对学前教育专业舞蹈课堂教学环境的重要性认知是一致的，都认为在舞蹈课堂教学中"硬环境"即课堂教学设施等外部客观环境与"软环境"即课堂教学氛围等人文环境同等重要。

表 1-18 您认为舞蹈课堂教学环境哪个重要？

教学环境 学校	"硬"环境 人数	"硬"环境 比例	"软"环境 人数	"软"环境 比例	都重要 人数	都重要 比例
A 学校（8人）	0	0%	0	0%	8	100%
B 学校（10人）	0	0%	0	0%	10	100%
C 学校（8人）	0	0%	0	0%	8	100%

5. 教学方法调查结果与分析

（1）学生层面的问卷调查

由表 1-19 可知：①在教学方法层面，超过 50% 的学生更认同"示范法"，其次是"讲解法"，对"探究法"的认同度不高，虽然当前大力倡导探究式教学法，但是由于舞蹈学科的特殊性以及学生的认知水平，使得学生从自身角度仍然愿意选择最传统的示范、讲解法。②在学习方法层面，超过 50% 的学生愿意选择"合作学习法"，认为合作学习的效果要大于"自主学习法"，基于此，在舞蹈教学进程中更应该注重不断建构学生的主体性与主动性。

表 1-19 你认为哪种教学方法对自己有效（多选）

教学方法 年级	示范法 人数	示范法 比例	讲解法 人数	讲解法 比例	探究法 人数	探究法 比例	自主学习法 人数	自主学习法 比例	合作学习法 人数	合作学习法 比例
一年级（283人）	175	62%	104	37%	57	20%	54	19%	152	53%
二年级（270人）	159	59%	119	44%	84	31%	62	23%	167	62%
三年级（267人）	150	56%	115	43%	67	25%	59	22%	171	64%
毕业生（50人）	25	50%	16	32%	13	26%	9	18%	25	50%

（2）教师层面的访谈

由表 1-20 可以看出：①多数教师采用的依然是传统的"示范法"与"讲解法"，这与舞蹈学科的特殊性有关，舞蹈是身体的运动，必须要做到"口传身授"才能将知识进行传递；②部分教师尝试新教学法的探索与使用，将舞蹈学科融入教育改革中，融合利用探究法、自主学习法与合作学习法等多种教学法，正是有了这些教师的不断创新，学前教育专业舞蹈教学才能持续发展（见表1-20）。

表 1-20　您最常用的教学方法访谈

问题	回　　答
您经常使用哪些教学方法？	教师1："口传身授"是舞蹈学科最常用的，我也经常用这个方法。
	教师2：我经常通过示范去教学，并经常穿插一些与学生的沟通交流，应该就是探究式教学法吧。
	教师3：我采用的就是讲解法、示范法，课堂上会留时间让学生分组练习、展示。
	教师4：每节课后我会让学生自己学习一个舞蹈片段或组合，下节课上课了进行展示，效果还不错。
	教师5：我的课堂教学没有固定的教学法，有时候采用传统的示范与讲解，有时候根据课程内容设置探究讨论，有时候又会让学生分组练习。

6. 教学评价调查结果与分析

（1）学生层面的问卷调查

由表1-21可知：①80%以上的同学没有参与过舞蹈教学的评价与反馈活动，只有少部分同学与舞蹈教师进行过关于舞蹈教学的讨论、沟通、反馈；②部分学生表示自己不愿意或不敢将自己的真实想法告诉教师，担心对自己的成绩有影响，而参与到评价与反馈的同学则表示是老师专门征求自己对教学的意见，"这一点很好，我很喜欢老师的这种风格"。③由此可以看出，基本上，如果教师不主动征询学生意见，学生很少会主动地与教师进行沟通，因为缺少沟通，使教师难以了解学生对舞蹈的真正需求，也没有办法做出相应的教学调整，对提升教师的教学能力与学生的专业发展都产生影响。

表 1-21　你是否参与过舞蹈课程评价与反馈

年级＼是否参与	是 比例	否 比例
一年级（283 人）	20%	80%
二年级（270 人）	18%	82%
三年级（267 人）	13%	87%
毕业生（50 人）	9%	91%

（2）教师层面的问卷调查与访谈

由表 1-22 可知：①大多数舞蹈教师采用"师评"作为成绩的依据，即教师根据学生的综合成绩进行主观评判；②少部分舞蹈教师融合了"自评"与"互评"的综合形式，在成绩评定时结合了学生的自主评分与学生之间的互相打分，成绩更为客观。

表 1-22　你对学生采用的是什么考核/评价方式

学校＼评价方式	自评（学生） 人数	互评（生生） 人数	师评 人数
A 学校（8 人）		1	7
B 学校（10 人）		1	9
C 学校（8 人）	1		7

由表 1-23 可以看出：①虽然教师在问卷调查中多数选择了"师评"这一项，而且在自己实际的教学中也多选择通过自己主观判断给出考核评价，但是他们也能认识到"师评"的局限性，也在尝试用不同的方式来进行创新性、实用性评价；②考核/评价方式的改变不是一蹴而就的，正如"教师4"所设想的邀请幼儿园管理人员共同评价这一方案，之所以没有实现，很大程度上是因为教学制度、单位人员流动、评委费用等多种因素的限制，因此，如何进行教学评价的改革需要教学相关部门的广泛协调与妥善安排（见表 1-23）。

表 1-23　学前教育专业舞蹈教师的其他考核/评价方式

问题	回答
您还运用了哪些考核/评价方式	教师1：我还注重过程性评价，在日常的教学或活动参与中给予成绩判定，最后综合到期末成绩中。
	教师2：在互评的基础上，我还增加了小组评分，每个人归属一个小组完成作业，由组长和一名普通成员打分。
	教师3：我会鼓励学生多去参加一些校内外比赛、演出，不管是否获奖我都会给予适当加分。
您还运用了哪些考核/评价方式	教师4：我自己觉得教师的评分主观性因素较强，还应该邀请幼儿园园长或一线教师参与到对学生的综合能力评判中来，但是一直没有实现。

7. 教学期待调查结果与分析

由表1-24可知：①在舞蹈教学应在哪些方面做出调整的调查中，各个项目均占有一定比例，但是在教学内容、师资队伍与教学方法三个层面占比最高，说明在学前教育专业学生眼中，希望改进舞蹈教学内容、改善舞蹈教学方法、提升舞蹈师资水平；②对教学评价的调整期待比例在27%以上，特别是毕业生、舞蹈教师认为应该调整教学评价的比例达到44%以上，表示舞蹈教学评价也应该得到关注、完善；③对教学目标调整的期待随着年级的上升比例也随之上升，尤其是在毕业生和幼儿园管理者层面，教学目标调整的期待值分别达到52%和63%，可见当前教学目标与幼儿园实际教学需求有一定的出入，应做出相应调整；④对教学环境的调整期待最低，但是也超过了13%的比例，学校对此也应该做出相应的改进与完善。

表 1-24　你希望学前教育专业舞蹈教学在哪些方面做出调整（多选）

教学方面 年级	教学目标 人数	教学目标 比例	教学内容 人数	教学内容 比例	教学环境 人数	教学环境 比例	教学方法 人数	教学方法 比例	教学评价 人数	教学评价 比例	师资队伍 人数	师资队伍 比例
一年级（283人）	71	25%	170	60%	37	13%	212	75%	76	27%	150	53%
二年级（270人）	92	34%	184	68%	38	14%	208	77%	86	32%	135	50%

续表

教学方面 年级	教学目标		教学内容		教学环境		教学方法		教学评价		师资队伍	
	人数	比例	人数	比例	人数	比例	人数	比例	人数	比例	人数	比例
三年级（267人）	123	46%	144	54%	51	19%	40	60%	96	36%	125	47%
毕业生（50人）	26	52%	37	73%	10	20%	36	72%	22	44%	25	49%
教师（26人）	13	50%	14	52%	8	32%	15	59%	13	49%	18	70%
幼儿园（24人）	15	63%	20	82%	5	21%	19	80%	7	30%	11	46%

三、基于儿童立场的学前教育专业舞蹈教学体系构建思考

（一）学前教育专业舞蹈教学问题分析

通过前文关于学前教育专业舞蹈教学现状的调查分析，我们发现在学前教育专业舞蹈课程教学中存在以下问题。

第一，教学目标不明确，人才培养方向不明晰。师生对于教学目标的理解有差异，未建立统一的目标认知观。同时，学校与用人单位也没有达成一致的培养理念，部分教师关于学生从教能力培养、教育情怀养成的认同度出现偏差。

第二，教学内容安排不合理。学前教育专业舞蹈教学内容呈现多样性与单一性交织的矛盾现状。其多样性体现在大多数学校"照搬"专业舞蹈院校中的课程体系，教学资源种类繁多，呈现出课程"丰富"的假象。其单一性体现在学前教育专业舞蹈课程的本质是实践类课程，学生虽然普遍获得了一定的舞蹈技能，却无法将技能有效地应用在日常演出、比赛及岗位实操中，转化能力较弱。

第三，教学环境融合度不够。一方面因学科重视程度不够，导致专业的教学设备不齐全，教学外部环境无法满足正常上课需求；另一方面，为了"面子工程"花费大价钱打造高级的舞蹈教室，却忽视了师生关系构建、教学氛围营造等一系列"软"环境的建立的重要性，同时，忽视了以信息化技术

引领的虚拟环境建立与融合。

第四，教学方法单一。学前教育专业舞蹈教学依然以传统的"口传身授"教学法为主，通过单向的知识传递完成舞蹈教学。这样的舞蹈教学方式比较单一，对学生思维能力、创造能力与应用能力的开发与培养造成阻碍，学生的主体性地位无法得到保障。

第五，师资队伍不均衡，教学理念陈旧。当前学前教育专业舞蹈教师队伍学历层次多以本科、硕士研究生为主，少有更高层次学历的老师加入；职称以中级、初级为主，高级职称教师较少；从性别层面来看，以女性舞蹈教师为主，男性舞蹈教师缺乏；从年龄与教龄层面来看，中青年教师为学前教育专业舞蹈教学的主力。整体的师资队伍在职称、学历、性别上无法做到均衡，也从侧面导致部分教师的教学理念还停留在以往传统教学模式上，渐渐与时代脱节，其教学效果必然受到影响。

第六，学生主体性认知不够。学前教育专业学生生源大多数来自普通高中，舞蹈基础薄弱，舞蹈兴趣不浓厚，舞蹈素质不高，对舞蹈的认知仅停留在"舞蹈只是一门技能课"层面上，看不到舞蹈技能为个人身心发展、综合能力提升与适应工作岗位需求带来的有利层面，当然也无法正确认知到自己在舞蹈课堂的主体地位。同时，由于学前教育专业男女学生性别比例的严重失衡，也使得男幼师经常游离于正常舞蹈课堂之外。

第七，教学评价不科学。一方面，学前教育专业舞蹈教学评价多集中在期末，以考试的方式进行，没有建立自始至终的全程性评价机制；另一方面，评价主体单一，舞蹈教师有着绝对的话语权，学生对教学评价的参与度不高，用人单位、学校管理部门也很少介入教学评价；同时，教学评价的方式单一，多以教师评价为主，学生自评、生生互评、师生互评等方式没有落到实处，评价方式不科学。

（二）学前教育专业舞蹈教学体系建立的儿童化思考

教学是一门艺术，也是一门学问，作为课堂的授业主导者，教师应该拥有自己的教学主张与教学态度，这为教师的专业发展提供着独有的灵魂支撑，也会让普通的课堂变得充满生机与活力。多年来的教育改革倡导传统的课堂应从"以教为中心"向"以学为中心"转变，正是针对传统的课堂不利于学生独立思考与创新思维能力培养的问题。在本研究视域内，从把握学前教育专业舞蹈课程的特殊属性入手，认为学前教育专业舞蹈教学体系应认为以解决实际问题、服务教学与应用、促进高质量职业人才培养的宗旨，依据学前教育专业特色的教学理念，从儿童立场出发，建立特色鲜明的学前教育专业舞蹈教学体系。

从儿童立场出发，尊重儿童是儿童教育的先决条件，是坚守儿童立场的起点。理解儿童是学前教育的前提，是坚守儿童立场的关键，在尊重与理解儿童的前提下，如何发展儿童成为教育工作者的重点与落脚点。学前教育专业舞蹈教学体系的建构要本着落实国家关于《幼儿园教师专业标准》中"幼儿为本""能力为重"的培养理念和目标，在舞蹈教学内容的选择与教学资源的开发，舞蹈教学方式的改革与舞蹈教学环境的调整，以及舞蹈教学主体的身份转换层面都应本着以"尊重""理解""发展"儿童为出发点，形成具有儿童立场特色的学前教育专业舞蹈教学体系。

从儿童立场出发，是对成人提出了更高的要求，对教师的地位与价值给予了肯定，也明确了教师与儿童的关系，此处的"教师"既包含即将毕业踏入工作岗位的学前教育专业毕业生，也包含高校学前教育专业教师，师生在儿童立场理念的影响下完成对自身的身份认同与情感接纳，达成了关于从教师大纲—学生大纲—儿童大纲[①]的身份转变，为重构新型的师生关系、师幼关系、生幼关系奠定基础。

从儿童立场出发，转变教与学的观念。"幼儿为本"的教学理念是学前教育专业舞蹈课堂教学观念转变的创新体现，一方面深耕教师在课堂上的引导作用，注重学生舞蹈基础理论知识的学习与幼儿舞蹈创编技能的培养；另一方面尊重学生在课堂上的主体地位与作用，促使学生能够自主、独立、能动、合作与探究式的发现问题、解决问题，从而加深学习；同时，师生共同建构儿童视角，站在儿童的高度去看待问题，去发现新思路、新技术，确定教什

---

① 杨莉君，曾晓. 幼儿园课程的逻辑：从"教师大纲"向"儿童大纲"转向. 教师教育研究,，2020(5)：104-109.

么、如何教等议题。

从儿童立场出发，创新组织与排列，将教学目标、教学内容、教学环境与教学方法全部纳入以实践教学场域为融合的教学新模态，从课堂、舞台、岗位、虚拟情境中探寻儿童化构成，加强"校、企、家"合作机制应用于舞蹈教学的实践，以儿童为主线，将儿童与教师、学生、儿童家庭、幼儿园共同融入新型的教学场域内，共建美好的教学新模态。

从儿童立场出发，建立儿童立场视域内完善的学前教育专业舞蹈教学设计与评价机制，将教学实践、教学评价与儿童需求紧密结合。正如"尊重儿童的话语权"一样，给学前教育专业学生充分的话语权，"以生为本"，注重学生的多元表达，鼓励其参与到教学设计与评价中来。

第二章　学前教育专业舞蹈教学场域融合新模态

第一节　场　　域

一、场域概念

"场域"（field）的概念源自物理学，物理场以物质要素为作用对象，以力在空间中扩散并传播能力为运作原理，[①] 多表现环境、场所等实物空间以及时空相互联系的事实与过程。20世纪30年代由考夫卡等人引入社会学研究范畴，逐渐成为社会学研究中的重要理论。20世纪70年代，法国社会学家皮埃尔·布迪厄（Pierre Bourdieu）将其在社会学范畴内普遍化，确定为社会学的基础理论，被广泛应用于学科研究中。布迪厄认为"场域"是"在各种位置之间存在的客观关系的一个网络，或一个构型"[②]。在他的观点里，场域是由参与人员基于特定逻辑要求与相互关系共同建立的一个相对独立的社会空间，该空间并不被看作是单纯的实物空间，而是一种动态的、有活力的，受到行为、身份、心理等因素作用的发生机制，场域作为一种抽象的社会空间，呈现"关系性"特征属性，场域内部均具备自有的价值观与特有的调控原则，限制实践行为的发生时空，营造出特定的身份认知、运行规则与扩展空间。[③]

[①] 杜雁，梁芷彤，赵茜. 本体与机理——场域理论的建构、演变与应用. 国际城市规划，2022(3)：59-66.
[②] 皮埃尔·布迪厄，华康德. 反思社会学导引. 李猛，李康译. 北京：商务印书馆，2015：122.
[③] 张麟. 非遗传统民间舞蹈的传承与发展之我见. 当代舞蹈艺术研究，2020(01)：25.

二、学前教育专业舞蹈教学场域

"场域"理论在社会学广泛应用之后,其理念与内涵也被应用于包含教育在内的许多领域中。学前教育专业舞蹈实践教学过程涵盖了教育场域、课程场域与教学场域三个层次的概念。

教育场域（education field）是把场域的概念应用于教育行业,以"场域"结合"教育"进行理论研究建构和教育方法拓展的新概念,是"教育者、受教育者及其他教育参与者相互之间所形成的一种以知识的生产、传承、传播和消费为依托,以人的发展、形成和提示为旨归的客观关系网络"[1],可以看出,教育场域依然是一种关系性范畴,从属于社会学范畴,严格来说是教育社会学范畴,是对当前教育活动与教育现状进行全新阐释的工具或视角。

课程场域（curriculum field）是依附于教育场域内对院校教育课程进行场域解读的概念尝试,以"场域"融合"课程"进行理论范畴内的系统建构与实践层面的方法拓展。布迪厄认为"社会世界是由大量相对自主的社会小世界构成",而"场域"则是具有自身法则的小世界,作为一个小世界,尽管它服从于某些社会法则,但是并没有一致性。[2] 作为社会小世界存在的课程场域通过教师、学生及其他参与物以知识或社会经验为媒介,以各课程要素的生产、传播为依托,以达到培养人为目的而形成的客观关系网络[3],课程场域表现师生真实的样貌世界,以建构性、整体性呈现师生之间、生生之间、师生与课程内容之间的活动空间。

教学场域（instruction field）是教学事件发生时所处的时空界域,是课程知识进入教学环节之后的对象关系,也可以说是课程场域的发展状态,在教学场域内对象由课程场域内的虚拟群体转换成真实个体,呈现方式也由文本知识的静止状态向知识传授的鲜活状态转变。教学场域是一门课程完成其使

---

[1] 刘生全. 论教育场域. 北京大学教育评论, 2006(1): 78-91.
[2] 皮埃尔·布迪厄. 科学的社会用途——写给科学场的临床社会学. 刘成富, 张艳译. 南京: 南京大学出版社, 2005.
[3] 刘宗南. 论课程场域. 教育研究与实验, 2013(5): 64-69.

命所处的"最复杂、最富有挑战的场域"①。从"场域"理论的物理学源头与心理学、社会学的应用发展来看，对教学场域的审视既包含着物理学视角下的物理时空，又受到心理学视角下的心理因素影响，同时对于社会学视角下的关系构架以及信息学视角下的信息媒介无法忽视。② 因此，在当前教育环境下，教学"场域"既涵盖了场所、环境等具象物理空间的基本构架，又作为始终变动的状态关系，包含了"人、空间、事件"在内的运转机制。

学前教育专业舞蹈教学正是发生于由"教育场域—课程场域—教学场域"自上而下层级结构发展的融合式场域内。如果说"教育场域""课程场域"与"教学场域"在社会学领域内属于隐性场域，无法作为一种"在场"的"绝对实体"来观照，那么在现实实践教学情境中，我们应选择倾向于符合舞蹈课程属性的具有显性的场域来开展实际教学，如"课堂场域""舞台场域""园所场域""网络场域"等。

第二节 "三场一化"场域融合体系建构

本研究语境内为了等学前教育专业舞蹈教学场域展示得更为清晰明了，依据人才培养目标、社会岗位需求与学科发展现状将教学场域空间分解为"学习场、练习场、实习场"三种场域模式，同时搭建"信息化"平台，拓展"三场"时空界域，探索"三场一化"场域融合体系。

"三场一化"场域融合体系坚持以实践教学为导向，以培养学生掌握舞蹈综合素质为关键，以引导学生站在儿童立场之上去学习、接纳与认同本课程为导向，依据客观条件将教育组织者（教师）、教育管理者（院校）、教育受益者（学生）与社会需求者（用人单位）等多种教学要素以一种关系学的角度巧妙地结合在一起，构成一种全新的秩序③，并在虚拟与现实结合的时空界限内形成教师、学生以及其他教育参与者在内的融合式关系性空间，进而探

---

① 赵庆来，蔡其勇. 论学校课程存在的场域. 教育探索，2013(10)：10-12.
② 柳士彬. 遮蔽与澄明——关于教学场域的哲学思考. 教育理论与实践，2005(5)：53-56.
③ 孙丝丝，王玉，符姗姗. 场域融合：综合类大学音乐舞蹈专业本科人才培养方式的探索与解读. 音乐探索，2017(4)：116-119.

索"学习场—课堂""练习场—舞台""实习场—岗位"与"信息化—网络（虚拟情境）"的"三场一化"式表达。

一、学习场的巩固——从课堂寻找儿童色彩

"学习场"从"场域"概念延展而来，即学习的场域，其实质是对客观学习活动的一种关系性描述。心理学家库尔特·勒温（Kurt Lewin）认为学习场是一种和谐的"多元互动，自主探究"的学习模式，即以学生为中心，学习过程的各个要素相互交织在一起的具体的学习场景、和谐的学习氛围和协调的学习环境；我国学者苗长虹在阐述"学习场"理论时认为"创新型发展的本质是一种学习的过程，而这种学习过程依靠相关行动者交互进行，依赖于特定时空和情景中地理接近、关系接近和制度接近的紧密结合"[1]；学者钟启泉认为学习场是"所有事件交织在一起、具有内在统一性的整体，存在于整体之中的所有的人、事物与事件的关系，都能够作为整体的一分子发挥作用的关系场"[2]；王一军认为学生、教师、资源、环境等之间的相互作用关系构成了学习场域内在的结构形式，这四大要素彼此之间基于特定目标与任务的冲突、矛盾与竞争，内在地规定着学生作为学习行动者的具体学习实践，并形成学习场域内部的动力关系[3]。

综合国内外学者对于学习场的研究成果，本研究认为学习场是以学习为中心，以文化资本——即知识和技能的获取与占有为目的，以促进学生更有意义的学习为价值导向，将与学习产生关系的各种实体或虚拟要素进行不断的交叉、重组，从而建构一种指向促进教育相关多方主体紧密联结，共同完成学习行为的动态空间。

课堂教学空间作为学习场的主阵地，也是儿童立场的生发地，在课堂教学空间内，知识传播者、知识接收者与其他教育参与者之间进行知识的产生、

---

[1] Miao Chang-Hong, Wei Yehua and Ma Haitao. Technological learning and innovation in China in the context of globalization[J]. Eurasian Geography and Economics, 2007(6): 713-732.
[2] 钟启泉. "学习场"的生成与教师角色. 上海教育科研, 2004(9): 4-8.
[3] 王一军. 校本课程开发走向学习场域建构——基于江苏省普通高中课程基地建设的案例研究. 上海教育科研, 2013(3): 4.

传递与传承，建立一种具有客观存在关系的空间网络和框架构型。儿童色彩之花在此空间内可以"恣意生长"，无比绚烂。课堂教学空间内涵盖了包含师生、教学内容、教学环境和教学方法在内的多重教学因素。

作为教学场域中的两大主体，教师与学生应该尝试以儿童的眼光与视角来看待教学相关因素，即师生双方均站在儿童的角度去看待儿童，并通过教学内容的选择、教学方式的运用以及教学环境的创设，建立一种带有儿童色彩的舞蹈课堂。在教学内容选择上，摈弃传统舞蹈课堂中规中矩的训练形式，以童真、童趣为特色，开发适合学前教育专业的教学内容。在教学方式的运用上，以探寻儿童内心世界为出发点，师生间进行移情式角色转换，分享各自视角下对幼儿世界的本真探索，"教师"与"学生"之间增添一个"幼儿"的角色，把"我—你"的传统"上施下效"教学方式，变为"我—幼儿—你"的发现、体验、理解、接受的教学方式。在教学环境的创设上，既有物质要素环境的儿童化凸显，又有情感要素环境的儿童化表达，如教室墙面的色彩涂鸦，带有儿童色彩的装饰画、为儿童舞蹈创编准备的儿童玩具以及巧妙创设的儿童舞蹈课堂氛围等，时刻营造身处儿童世界的情景体验。

二、练习场的搭建——于舞台点亮儿童视野

"练习场"是"学习场"坚守与推进过程中递加形成的场域空间，是知识转化进程中的完整呈现状态。有学者认为知识的转化存在四种基本模式，即"社会化—外化—融合—内化"，而知识的转移过程涵盖四个场，即"创始场—对话场—系统化场—练习场"。[①] 练习场不是独立存在的，必然与学习场有机结合：前期，教育参与者之间通过传授、分享、讨论的形式将隐性的知识（即舞蹈课堂理论知识）以面对面的方式进行传播；之后，对隐性知识赋予概念化、抽象化，并经过具体化处理，使隐性知识完成显性的转换（即舞蹈课堂技能训练）；而知识的价值得以确认，明确知识产出的合理性，将会把繁杂的知识进行整合处理，归纳与总结之后，完整呈现（即舞蹈实践产出形

---

① 谢昌醒，张强. SECI理论视角下教学过程中教师场域的构建. 教学与管理，2020(15)：18-20.

式）；最后，显性知识的内化需要实践的练习场，虽然显性知识的获得是师生双方共同作用的结果，但是，为了使学生对知识的认知更为深刻，以及使知识能够传递到每个受教育者身上，教育主导者应该为学生提供实践的舞台与机遇，完成知识的获取、理解、认知与创造（即舞蹈实践完型状态）。

在学前教育专业舞蹈实践教学情境下，从舞蹈课堂理论知识到舞蹈实践完型状态的递进，可以看成是学习场到实习场的有机转化过程。在转化的终端，练习场自然可以看作是一种知识或技能习得的阶段性呈现方式——舞台，即在预先设定的时间内，给学生创设一种作品展示的动态空间。

舞台上，学生的舞蹈展示不仅是课堂教学的补充和延伸，还是学生专业学习水平的检验与体现。通常舞台实践呈现一种"螺旋式"上升状态，即"技能学习—舞台实践—体验与反馈—再学习—再实践……"。使学生能够亲身感受技能学习与舞台实践的关系，并将舞台实践作为技能提升的目标之一。

那么，儿童视野在舞台实践中如何体现呢？首先，学前教育专业舞台实践的呈现作品必然是以儿童舞蹈为主，其编排也一定是围绕儿童群体作为受众对象这一核心理念进行的，此时舞台实践的儿童属性已经被确定。其次，我们可以这样设想，舞台上学生作为演员进行舞蹈作品的展示，舞台下教师作为观众进行审美品鉴，在此时空内，师生间"教与学"的关系再度发生变化，舞台上的学生将自身代入儿童身份，把自己的舞台展示想象成儿童的表演，在此情景下学生能够更加深刻地感知表演人物的儿童属性与角色特性，感悟舞蹈艺术对儿童成长的促进意义，能够对自身技能水平产生全新的认知，而教师则从儿童视角层面以"儿童观众"的身份客观地评价舞台实践的优势与缺陷，以欣赏与批判的眼光与学生进行舞台实践之后的沟通与交流，并及时进行课堂教学的调整。

三、实习场的联结——在岗位走进儿童生活

经过与具有长期幼儿园实习指导经验的幼儿园管理者及幼儿园一线教师的交流访谈，可以看出幼儿园的工作性质决定了学前教育专业学生必须具备较强的实践能力与反思能力。2012年2月，中华人民共和国教育部印发《幼儿园教师专业标准（试行）》文件，其中针对学前教育专业学生实践能力的

培养提出："重视幼儿园教师职业特点，加强学前教育学科和专业建设。同时强调要重视幼儿园教师职业道德教育，重视社会实践和教育实习"。

基于此，在学前教育专业教学框架内架构属于舞蹈实践教学的实习场域可以最大化地拓宽舞蹈实践教学与岗位实习之间的路径，增强舞蹈实践教学与幼教岗位的适配度，这是当前学前教育专业舞蹈实践教学体系的重点，符合实践教学体系建立的原则。

什么是实习场？实习场是教学场域内与岗位需求、儿童群体紧密结合的场域空间，是学前教育专业学生经过"学习场"的课堂练习与"练习场"的舞台检验之后的社会化情境呈现。"实习场"理论由美国当代学者森杰提出，该理论指出"实习场"既不是一个简单的实验室场所，也不是一个真实的社会场所，而是一种基于具体的社会案例的学习，是一种特殊的社会环境。学生在实习场内所接触、面临的问题与进行的实践活动同他们今后现实生活中在岗位上面临的实际问题往往是相似的，因此在实习场内较早地解决这些问题，为今后快速适应岗位生活打下基础，在一定程度上实现了"教育认知到社会认知的过渡"。针对学前教育专业，我们可以对实习场进行简单的定义：实习场是高校依据人才培养方案，结合毕业生岗位需求，与幼儿园或其他幼教关联机构本着促进学生提升技能、提高实践能力、增强岗位适应力的目标进行合作，联合设立的一种特殊的学习环境，这种环境与现实社会、儿童生活密切相关。

实习场的建立是"课堂—舞台—岗位"联结的知识过渡与实践融合，实习场内学生的行为空间并不是孤立、虚构的，而是真实存在的一种环境，这种环境同现实社会与儿童世界密切相关，学生在实习场内更容易走进儿童生活，更加接近岗位实际。（见图2-1）

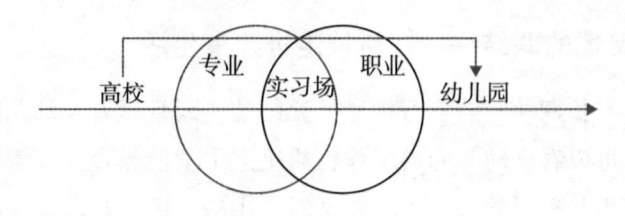

图2-1 实习场框架图

国内学者虞永平教授将实习场的特征归纳为"真实性、情境化、行动化与发展性",这是以学前教育专业学科的全面发展与学前教育事业的稳健推动为着力点,进行具有广泛意义的研究阐释。而在学前教育专业舞蹈教学体系内,"真实性"代表了实习场的全部意义,其既具有"情境化"特征中关于高校教学所设置的真实性环境以及解决的真实性问题层面;又具有"行动化"中实习参与者通过真实的行动参与情境化活动,解决模拟真实存在的问题层面;同时对于实习参与者而言,表象的实习行为无法满足真实的岗位需求,应该构建具有挑战性和适宜性的"发展性"实习空间,从而使实习行为更加深入儿童生活,满足儿童需求。

构建具有真实性的实习场,是学前教育专业学生进入儿童生活的必由之路。第一,在身份认知上,从学生身份转变为教师身份,"扮演"真实的舞蹈教师或舞蹈教学工作者,为儿童提供舞蹈学习与生活认知;第二,实习场域内的管理者,即实习指导教师与幼儿园工作人员为实习学生提供真实的舞蹈教学与工作环境,完成由课堂至岗位的衔接与过渡;第三,为实习学生创造行动机会,以舞蹈为工具,使学生能够参与、融入真实的幼儿日常活动中;第四,则是在不具备幼儿园实习条件,或者受到场地、空间等其他外部因素的制约下,学生无法进入真实的实习环境中时,校内教师则应该以一种虚拟的实习情境代替真实的实习环境,仍然可以获得真实有效的教学效果,完成既定的教学目标。总之,关注实习场构建的真实性特征,就是给学前教育专业学生创设一种以儿童立场为导向的幼儿真实生活场景,让学生能够在真实的幼儿世界中去感受和体验,从而获得真实的舞蹈实践经验和能力。

四、信息化的介入——虚拟情境的无限渗透

教育信息化是在教育过程中普遍应用现代信息技术,开发教育资源,优化教育过程,培养和提高学生的信息素养,促进教育现代化的过程。[①] 当前,随着科学技术的飞跃发展,以大数据、云计算、人工智能等为代表的现代信息技术正广泛地应用于各行各业。在教育领域内,现代信息技术正逐步介入

---

① 邢西深,许林. 2.0时代的学前教育信息化发展路径探究. 中国电化教育,2019(5):49-55.

传统的课堂教学，一定程度上建构了新型的课堂时空界限，信息技术在教育教学中的广泛应用，推动了教育的信息化。

2018年，教育部印发《教育信息化2.0行动计划》，提出"将教育信息化作为教育系统性变革的内生变量，支撑引领教育现代化发展，推动教育理念更新、模式变革、体系重构"，信息技术与教育的深度融合已经从起步应用向融合创新发展阶段转变。同时，该计划提出了"三全两高一大"的发展目标，并在教师信息化能力培训、校园教学环境建设等方面提出了具体发展目标和建设任务，旨在通过信息化技术手段，全面提升教师与学生的信息化技术能力与素养，将信息技术融进日常教学思维。适应当今教育形式与当代社会的发展，推动教育信息化的全面递进，加强信息技术与教育的深度融合，形成可持续发展的现代教育信息化态势。

在信息化2.0时代，各学科紧跟新型信息化教育浪潮的时机下，学前教育专业舞蹈实践教学却呈现出一定的信息化应用弱势化现象：第一，教师观念陈旧，囿于现状，在知识已经共享、多元、智能、常新的今天仍然坚守传统的"口传身授"教学方式，以及相当多的一部分教师不具备专业的信息化技术能力，信息化技术素养不高，思想认知不足，无法做到将信息化技术融入舞蹈课堂。第二，表现在信息化应用于舞蹈实践教学时呈现的传统与现代的教学壁垒，传统舞蹈教学语言以"点对点"或"点对面"的现场行为完成传播，教师在固定教室内面对真实存在的学生，可以快速地感受学生的情绪、接受学生的反馈，并能直接进行有效的语言沟通与情感交流，同时，传统舞蹈教学方法中教师进行亲身的示范、指正，面对学生出现的错误动作，教师能够准确地指出问题，并及时纠正，而对于较为困难的技术动作，教师还可以进行"抄扶"辅助，确保学生的人身安全。但是信息化技术是否能够做到？也正是基于此，作为舞蹈教学的实质问题，如果没办法通过信息化技术进行融合，消解两者之间的壁垒，那所谓的学前教育专业舞蹈教学信息化革新也仅仅流于表面。第三，学科差异造成信息化资源获取偏差，在一部分领先学科已经建立了全息资源、全媒体资源、3D视频资源、虚拟数字化资源时①，学前教育专业舞蹈课程依然停留在"图文+视频"的多媒体时代。在学前教育专业舞蹈教育固守着为本专业服务的"小教育"体量时，更多的学科信息化已经迈向服务于全民的"大教育"模式。②在信息化技术仅仅作为舞蹈课的辅助工具时，其他学科已经将其变成了系统的线上教学资源，而在一部分院校建立了学前教育专业舞蹈线上教学平台之后，线上资源的容纳度、受众面、观赏性、开放性等方面的考量与其他学科相比呈现出"零散""浅显"、缺乏"深度"等问题，表现出不同学科的资源获取能力的偏差。

早期，信息化技术应用于学前教育专业舞蹈实践教学主要以信息技术的现场应用为主，表现在舞蹈教师借助信息传播工具进行现场辅助式教学，例如通过音、视频播放器、投影仪等相关技术设备播放舞蹈视频，以增强学生的现场观感，改善教学效果，信息化手段仅仅起到"此刻"的技术支持。在教育信息化2.0阶段，信息化技术从"此刻"扩展为"时刻"，教学资源由纸质资源转化为虚拟资源、数字资源、立体资源等③，教学空间逐渐从线下延伸到线上（或线上与线下的结合）。在不同的教学空间内，教学方式变得多元、有趣，教师可以选择在某一时间对学生进行线上直播教学，也可以录制高质量的网络公开课，投放于线上平台，学生随时进行学习。针对学前教育专业舞蹈教学的信息化应用现状，为适应新时期的学科信息化建设，需要从根本上进行适用性的策略调整，包括信息化环境建设、网络资源库搭建、信息化教学应用、教师信息化素养提升等形式，以满足师生日益增长的信息化需求，努力做到将信息技术以虚拟情境内化于学前教育专业舞蹈教学的各个过程中，用信息技术的飞速发展引领学前教育专业的教学变革，实现虚拟情境的无限渗透。

---

① 陈琳. 高校课程立体学习资源建设研究——促进学习方式转变的视角. 电化教育研究, 2013(11): 95-97.

② 陈琳, 文燕银, 张高飞, 毛文秀. 教育信息化内涵的时代重赋. 电化教育研究, 2020(8): 102-108.

③ 运武, 黄荣怀, 杨萍, 王宇茹. 改革开放40年：教育信息化从1.0到2.0的嬗变与超越. 中国医学教育技术, 2019(1): 1-7.

第三节 学前教育专业舞蹈教学场域的儿童化表达

"三场一化"场域融合体系是实践与教学共生融合的结果，不论是学习场的巩固、练习场的搭建、实习场的联结还是信息化的介入，都将学前教育专业舞蹈教学体系内的教学目标、教学内容、教学环境与教学方法子体系融入其中。

本书以学前教育专业舞蹈教学体系中教学场域的儿童化表达为诉求，在目标、内容、环境与方法四个子体系构建原则和依据的基础上，确立了各子体系结构及其所包含的要素和具体内容，形成了一个包含多个要素、多领域、多维度和多层次的学前教育专业舞蹈教学场域新模态。四个学前教育专业舞蹈教学子体系，既独立发展又互相影响，教学目标是教学活动的出发点和落脚点，其他三个部分都为实现教学目标服务，影响教学目标的达成。教学环境影响教学内容的选择与设计，教学内容影响教学方法的选择与应用。需要说明的是这个教学场域新模态并没有对教学主体、教学评价等进行描写，并不是二者不在其中，而是限于本节篇幅，在后文进行详细描述。总之教学目标、教学内容、教学环境与教学方法、教学主体、教学评价子体系的建立在一定程度上完成了一个完整、动态、系统的学前教育专业舞蹈教学体系的构建。

一、学前教育专业舞蹈教学目标子体系建构

（一）教学目标界定

教学目标是通过教学活动的开展达到的一种具体的、可视的行为结果，是检验教师在教学活动中完成教学任务所依据的标准与要求。王道俊主编的《教育学》中提出：教学任务包括三个方面，一是教授学生文化科学知识和基本技能，即"双基"；二是培养学生的认知能力和体力；三是培养学

生的辩证唯物主义和道德品质。① 教学目标通常与教学任务融为一体，合而论述。当前教师确定教学目标基于三个方面的内容，即知识与技能、过程与方法、情感态度与价值，与《教育学》中教学任务的描述保持一致。

可以说教学目标是学前教育专业舞蹈教学活动开展的预期结果，也是直接指向学前教育专业师范生舞蹈教学、创编与实践能力的评判依据，对课堂教学活动的开展起着指导、调节的作用。教学目标体系应该是可测量、可操作、看得见、摸得着的，这对于现实教学的目的和进行课堂教学质量评价都具有十分重要的意义。② 架构科学适宜的学前教育专业舞蹈教学目标子体系是课程开展的出发点与落脚点，对整个教学活动的进程都会产生积极的影响，同时对于教学内容的设计、教学方法的运用以及教学环境的创设也会产生正向的引导。

(二) 教学目标子体系的儿童化表达

综合诸多学者关于实践教学目标的定义与延伸，结合当前学前教育专业舞蹈教学现状及呈现的关于教学目标设计的相关问题，笔者基于学前教育专业舞蹈课程教学的实践经验，认为"儿童化"应作为整个目标体系建构的出发点，即以儿童为本，在制定教学目标时应考虑将师生带入儿童的视角，从儿童的眼光看待问题。同时，在学前教育专业舞蹈教学体系建设中将教学目标纳入教学过程中，借助分类学理论，建立递进式、层级性质的教学目标组合，以此做到学前教育专业舞蹈教学目标的系统化与结构化。

1. 学前教育专业舞蹈教学目标的确立

以专业要求和社会需求为着力点，结合学前教育专业舞蹈学科的特殊性，培养学前教育专业师范生的舞蹈能力与专业意识，实现总体目标中的认知、情感与技能，建构三级目标体系。(见表2-1)

---

① 王道俊，王汉澜. 教育学(新编本3版). 北京：人民教育出版社，1989，12.
② 王策三. 教学论稿(第二版). 北京：人民教育出版社，2005，12.

表 2-1 学前教育专业舞蹈教学三级目标体系

一级目标	二级目标	三级目标
精神目标	懂儿童	儿童意识、读懂儿童
	尚师德	价值观认同、立德树人、职业道德规范
	育情怀	职业认同、从教意愿、"五心"涵养（童心、爱心、耐心、细心、责任心）
应用目标	舞蹈认知能力	舞蹈基础理论认知、身体认知、空间认知、运动认知、舞蹈审美与鉴赏
	专业技术能力	舞蹈基本功、形体与姿态、中国民族民间舞表演、中国古典舞表演、儿童舞蹈表演、儿童舞蹈即兴与创编
	岗位适应能力	幼儿园实践教学、社会交往与合作、社会竞赛与表演
素质目标	身体素质能力	健康身体素质、舞蹈身体素质
	心理素质能力	健康心理素质、职业心理素质

一级目标包含精神目标、应用目标与素质目标。依据各一级目标所需要的关键能力，创设二级目标，其中精神目标包含懂儿童、尚师德、育情怀；应用目标包含舞蹈认知能力、专业技术能力、岗位适应能力；素质目标包含身体素质能力、心理素质能力。最后根据二级目标中核心经验的获取，完成三级目标的建立。

关于以上学前教育专业舞蹈教学三级目标体系的设置，笔者邀请学前教育领域、舞蹈艺术领域相关专家以及学前教育专业舞蹈教学一线教师进行广泛的讨论，90%以上的专家与教师认同关于学前教育专业舞蹈教学目标的三级分类，尤其对一级目标"精神目标"中蕴含的二级目标"懂儿童"表示强烈的赞同，他们认为长期以来，学前教育专业舞蹈教学目标的设置过于专业化与成人化，忽视了儿童作为学前教育专业最终的教学载体所存在的意义，因此，从儿童立场入手建设融教育、艺术、心理、运动、职业等为一体的学前教育专业舞蹈教学三级目标体系是一次有价值的尝试，从儿童导向层面推动学前教育专业舞蹈教学体系的构建，具有深远意义。

2. 学前教育专业舞蹈教学各层级目标的含义

（1）精神目标领域及其各层级目标的含义

精神目标其实质是学生精神层面的发展，是教学目标的最高层级，涵盖了"懂儿童""尚师德"与"育情怀"三个方面的发展。

第一，懂儿童。现代著名心理学家、教育家，儿童心理学中国化的奠基人朱智贤先生曾提出："要想接近、教育孩子，首先要一视同仁地热爱孩子，而为了能真正做到热爱孩子，就要了解孩子的共同性和特殊性，即每个儿童的特点，才能做到有的放矢。"[1]"懂儿童"正是挖掘朱智贤先生"热爱、接近、理解儿童"的教育思想，以学前教育专业舞蹈教学为手段，在教学进程中不断促进儿童立场融入舞蹈课堂的探索，使学生能够学会从儿童的视角看问题，形成尊重儿童人格及身心发展规律的科学儿童观与教育观，培育儿童意识，引导学生读懂儿童。

第二，尚师德。2017年10月教育部印发的《普通高等学校师范类专业认证实施办法（暂行）》中关于学前教育专业认证标准（第三级）的相关规定明确了国家对学前教育专业教学质量的卓越要求。学前教育专业舞蹈教学目标中精神领域层面的"尚师德"目标正是依照此要求中"践行师德"的相关描述进行的适应性调整。通过学前教育专业舞蹈日常教学与课程思政的紧密联结，教学主体首先应做到践行社会主义核心价值观，增进对中国特色社会主义的思想认同、政治认同、理论认同和情感认同；其次，应明确贯彻党的教育方针，以立德树人为己任；最后，要遵守教师职业道德规范，具有依法执教意识，立志成为有理想信念、有道德情操、有扎实学识、有仁爱之心的好老师。

第三，育情怀。通过学前教育专业舞蹈教学活动的开展，学生能够建立广泛的职业认同，形成强烈的从教意愿，对幼儿教师工作的意义和专业性更加明确，能够以积极的情感、端正的态度、正确的价值观面对学前教育教学活动。尊重幼儿人格，在教育中坚守儿童立场，涵养包含童心、爱心、责任心、细心、耐心在内的"五心"意识，做幼儿健康成长的启蒙者和引路人。

---

[1] 黄永言. 朱智贤传[M]. 北京：人民教育出版社，2020：60.

(2) 应用目标领域及其各层级目标的含义

学前教育专业舞蹈教学目标中的应用目标领域设定是基于学前教育专业舞课程特有的实践与应用特征而形成的。既涵盖舞蹈认知能力，将其作为舞蹈实践的重要前提，又包含专业技术能力，重视舞蹈技能的培养，最主要的是岗位适应能力的培养。

第一，舞蹈认知能力。认知是知识传递和信息整合的过程，强调通过思维能力理解知识并进行知识应用。学前教育专业舞蹈基础认知主要有以下几方面的内容。①关于舞蹈的基本理论知识，包含舞蹈的本质、起源、发展、分类、功能、特征以及各类舞蹈的形式、内容、结构等；②身体认知，包含身体各部位（组织器官、肌肉、骨骼等）的认知、身体姿态的认知以及身体构建的各种关系；③空间认知，包含身体在空间的位置认知、教室与舞台的点位变化认知以及"高、中、低"三度空间变化的认知等；④运动认知，包含对如何安全进行舞蹈运动的认知以及合理运动对健康的促进作用认知等；⑤舞蹈审美与鉴赏，即明确舞蹈的审美规范，将舞蹈作为一门人文科学，在学前教育专业舞蹈教学领域内，通过对优秀舞蹈作品的鉴赏，完成对学生生理和心理的双重刺激，提高审美意识，使学生具备欣赏美与创造美的基本能力。

第二，专业技术能力。具备相关的专业技术能力对学前教育专业师范生今后所从事的幼教事业极为重要。因此，关于专业技术能力的提升与掌握被普遍认为是学前教育专业舞蹈教学目标设置中最常见也是最基础的教学目标。专业技术能力在学前教育专业舞蹈教学领域内涵盖：①舞蹈基本功的训练，掌握舞蹈训练的科学、系统方法；②形体与姿态的训练，从形象与气质层面为今后的教师职业增光添彩；③代表性的中国民族民间舞蹈课堂展示与舞台表演，通过舞蹈艺术加深对多姿多彩的中国多民族文化的了解，并进行深入研究；④通过中国古典舞蹈的练习，既有"手、眼、身、法、步"的基本练习，又有"精、气、神"的融会贯通，学生在古典舞身韵中探寻中国传统文化的魅力；⑤明确儿童舞蹈的本质、分类、特征等内涵，从不同的角度掌握儿童舞蹈表演的能力，这是幼儿教师职业生涯中最常用且最基本的能力；⑥儿童舞蹈即兴与创编的能力，通过前期舞蹈基本功训练、形体与姿态训练、各民族舞蹈表演以及中国古典舞身韵的融合训练等基础铺垫，结合儿童舞蹈的表演训练，使学生掌握大量的创编素材，经过系统的创编教学，学生能够掌握儿童舞蹈即兴与创编能力，这是检验幼儿教师专业水平的重要依据。

第三，岗位适应能力。当前几乎所有开设学前教育专业的高校在舞蹈教学中都会把"专业技术能力"作为重要的目标来设定，把对舞蹈技能培养与实践能力发展的要求放在首位，却忽视了将学生实践能力的培养与其今后要从事的教学岗位的职业需求联系在一起，缺少舞蹈教学与岗位需求的有效协同，导致学生的职业角色转换周期偏长。因此，学前教育专业舞蹈教学目标中关于岗位适应能力的设定应以舞蹈课程为载体，以幼儿园实践教学、社会交往和合作以及进入岗位之后的竞赛与表演为目标，在教学中坚持"早接触、长流水、不断线"的实践方式，将舞蹈教学与舞蹈实践、岗位应用、社会需求有机衔接，在提升学生实践能力的基础上，实现毕业即能上岗的要求。幼儿园实践教学能力的培养，主要体现在学生舞蹈教学能力、课堂组织与管理能力、语言表达能力等方面；社会交往与合作能力的培养，主要体现在学生与儿童、家长、幼儿园管理者以及其他社会层面的个体或群体的交流与合作；社会竞赛与表演能力的培养，是模拟进入岗位之后组织儿童进行舞蹈比赛与表演，以及自己作为幼师参加的各类比赛，这就需要学前教育专业舞蹈教学设计时注意"赛训结合""教演一体"，提早为学生适应岗位需求做足准备。

(3) 素质目标领域及其各层级目标的含义

学前教育专业舞蹈教学目标中的素质目标包含身体素质能力、心理素质能力两个层面。

第一，身体素质能力。身体素质是人作为社会化的个体在适应生活、学习、运动与环境时展示的综合能力，是其体质和生理健康的外在表现。《体育词典》中对身体素质这样解读："身体素质是指人体活动的能力。指人体在运动、劳动与生活中所表现出来的力量、速度、耐力、灵敏及柔韧度等机能能力"[①]。个人身体素质与先天遗传有关，但是通过后天的营养摄入与运动锻炼

---

① 体育词典编辑委员会. 体育词典. 上海：上海辞书出版社，1984，1.

等行为都会对其产生积极的影响。在学前教育专业舞蹈教学领域，通过专业的教学内容与教学方法，可以在全面提高学生健康身体素质的同时，针对性、科学性的训练学生的舞蹈身体素质。其中，健康身体素质是指与提高健康水平和增强体质相关的因素，如心血管耐力、心肺能力等基础生理机能，以及通过运动获得的弹跳力、肌肉能力、速度、灵敏与柔韧度等各项指标达到健康均值，这是一般人应具备的基本身体素质，是衡量健康水平与体质好坏的标准；舞蹈身体素质则是在健康身体素质的基础上，通过舞蹈的针对性训练，提升某些专项能力，如身体反应力、身体爆发力、身体节奏感、身体协调性、身体平衡力、身体旋转能力以及舞蹈要求的灵敏度、柔韧度、控制力、伸展度等。

第二，心理素质能力。心理素质是以先天禀赋为基础，通过后天的环境和教育的作用，将外部的刺激进行转化，形成并发展为内部稳定的心理品质。在学前教育专业舞蹈教学目标设定中，以舞蹈教学为抓手，学生的心理素质得到稳定发展。职业心理素质则是以健康的心理素质为基础，学生能够初步代入教师的角色，具备教师心理素质，具体包括幼儿教师角色的适应；积极的工作态度；自觉提升认知素养，具备系统的教育学与心理学知识；良好的人际沟通与教育诊断能力；积极、乐观、稳定、热情的情绪状态；坚韧不拔的教育毅力；不断完善的人格塑造等。

2019年3月18日，习近平总书记在全国思政教师座谈会上强调，学校教育必须解决好"培养什么人，怎样培养人，为谁培养人"的问题，从本质上将教学目标提升到一定的理论高度。在当前，大力推进课程思政的进程中，学前教育专业舞蹈教学体系的教学目标是融世界观、人生观、价值观于舞蹈知识传授和能力培养之中，具体来说是将懂儿童、尚师德、育情怀为一体的精神目标融汇在舞蹈认知能力、专业技术能力、岗位适应能力、身体素质能力、心理素质能力综合培养的应用目标与素质目标之上，建构有价值、有情怀、有深度、有创新、有实用的学前教育专业舞蹈教学目标体系。

二、学前教育专业舞蹈教学内容子体系建构

(一) 实践教学内容界定

教学内容是教学体系的重要组成部分,也是开展教学的主要条件,教学内容的合理程度关系着教学效果的理想程度。

关于教学内容的评述在不同的教育家眼里有着不一样的定论。例如,王本陆认为教学内容是经过改造加工以适合于学生学习的教育材料。[①] 顾明远将教学内容定义为学校教授给学生知识与技能、思想与观点、言语与信念、行为与习惯的总和。[②] 也有学者认为教学内容是指在一个科目、一个单元或一堂课以及一个具体的教学活动中,作为教学对象的具体知识、主题、事实、观念和原理等[③]。而学前教育专业舞蹈教学体系中的教学内容则是以儿童立场为导向,以教学目标为依据,结合学生发展需求及教学条件进行选择、加工、创造,在教学环境下传递给学生的教学资源。

学前教育专业舞蹈教学内容的选择须以精神目标、应用目标、素质目标培养为依据,以满足学习者的需要为落脚点,使内容对应目标,突出价值性、必要性与可行性,着力构建精神层面、应用层面与素质层面相关的资源体系。精神层面的内容是隐含在知识、技能中的关于儿童立场、思想德性、作风人格等方面的内容,注重隐性涵养;应用层面的内容是关于技能、比赛、演出、社会活动、见习实习中关于舞蹈实操的内容,注重显性表达;素质内容则是学生在本课程中所应掌握的有关身体素质与心理素质双重提升的综合实践。

总的来说,学前教育专业舞蹈教学内容是为实现既定的教学目标而选用的教学活动中师生共同参与、接受的学习资料,涵盖了精神涵育、身体塑造、心理建构、技能学习、比赛演出、岗位实操在内的所有形式的总和。

---

① 王本陆. 课程与教学论. 北京:高等教育出版社,2006:139.
② 顾明远. 教育大辞典(增订合编本·上). 上海:上海教育出版社,1998:716.
③ 王杰. 舞蹈课程与教学. 北京:北京师范大学出版社,2022:77.

(二)教学内容子体系的儿童化表达

1. 学前教育专业舞蹈教学内容的确立

依据学前教育专业舞蹈教学三级目标体系（见表2-1），结合当前学前教育专业舞蹈教学现状及呈现的关于教学内容设计的相关问题，从儿童立场出发，确定学前教育专业舞蹈教学内容，并从学前教育专业学情分析中，选择与设计各目标层级内具体的学习内容实例，进一步构建教学内容体系（见表2-2）。

表2-2 学前教育专业舞蹈教学内容体系

一级目标	二级目标	关键能力	对应的教学内容（略写）
精神目标	懂儿童	儿童立场	儿童舞蹈鉴赏、幼儿园实习观摩、相关案例导读、"园长论坛"类讲座、儿童舞台剧、生幼"手拉手"活动……
	尚师德	践行师德	课程思政应用、政策与法规解读、职业道德相关案例、师德榜样、师德主题教育……
	育情怀	教育情怀	师风工程、幼教名师进课堂、幼儿园见习活动、主题社团活动、主题教育实践周、经验交流会……
应用目标	舞蹈认知能力	舞蹈认知	舞蹈基础认知：舞蹈概论、舞蹈发展简史、舞蹈起源论、舞蹈功能认知、舞蹈种类辨析、舞蹈艺术特性、儿童舞蹈种类与特征、儿童舞蹈创编相关理论、舞蹈常用术语；身体认知：舞蹈解剖学（简单）、芭蕾基训；空间认知：教室方位讲解、三度空间认识；运动认知：运动损伤处理、运动安全规范、热身动作；舞蹈审美与鉴赏：中外经典舞蹈鉴赏、舞蹈比赛剧目赏析；"小荷风采"舞蹈比赛剧目观摩；舞蹈名家介绍……

续表

一级目标	二级目标	关键能力	对应的教学内容（略写）
应用目标	专业技术能力	舞蹈技术（实践）	舞蹈基本功：体前屈训练、胯的训练、肩训练、腰的训练、腿的训练（前、旁、后）…… 形体与姿态：芭蕾站姿与坐姿、手位与脚位训练、勾绷脚训练、吸伸腿训练、擦地训练、蹲的训练、小踢腿训练、划圈训练、立半脚尖训练、古典舞舞姿训练…… 中国民族民间舞表演：藏族舞蹈、蒙古族舞蹈、维吾尔族舞蹈、傣族舞蹈、东北秧歌、胶州秧歌、鼓子秧歌、云南花鼓灯、各地区代表性民间舞…… 中国古典舞表演：提沉训练、冲靠训练、含腆仰训练、手眼训练、步法训练、舞姿训练…… 儿童舞蹈表演：自编儿童舞蹈训练、中国民族民间舞蹈等级考试组合、中国舞蹈家协会等级考试组合、儿童律动表演…… 儿童舞蹈即兴与创编：儿童音乐游戏创编、自娱性儿童集体舞创编、儿童音乐即兴创编、风格性儿童舞创编、动机练习、模仿与想象练习、造型创作与动作发展练习、构图练习……
	岗位适应能力	岗位应用	幼儿园见习实习、校外舞蹈培训机构实践教学、社会舞蹈志愿服务、校园舞蹈比赛、师范生技能大赛、虚拟仿真实境创设……
素质目标	身体素质能力	身体发展	力量：上肢力量练习、下肢力量练习、躯干力量练习…… 速度：舞蹈速度游戏、变速跑…… 耐力：跑步、跳跃、平板支撑、倒立…… 灵敏：舞蹈灵敏游戏、口令游戏…… 柔韧度：颈肩训练、胸腰训练、髋部训练、踝部训练、膝部训练、三叉一腰、脚背训练、手指训练…… 舞蹈要求：反应力训练、爆发力训练、节奏感训练、协调性训练、平衡力训练、旋转能力训练……

续表

一级目标	二级目标	关键能力	对应的教学内容（略写）
素质目标	心理素质能力	心理发展	健康心理素质：团队舞蹈协作、小组舞蹈研讨、突击考核、情绪引导、师生共话舞蹈、教学场景设置…… 职业心理素质：师生角色互换、职业场景搭建、挫折模拟教育、线上"育心"互助、技能训练实践月（周）……

2. 学前教育专业舞蹈教学内容的具体设计

围绕学前教育专业舞蹈教学"精神目标""应用目标"与"素质目标"中关于"儿童立场""践行师德""教育情怀""舞蹈认知""舞蹈技术""岗位应用""身体发展""心理发展"等关键能力培养的目标，为了达成各领域的关键能力，应进行具体的教学内容设计。

（1）"三境共育"对标精神目标培养的内容设计

通过创建课程情境、活动情境与职业情境相融合的"三境共育"路径，引导学生在多元情境中形成正确的儿童立场意识、践行师德意识与教育情怀意识。

首先，通过"专业课程+课程思政+案例研修+……"形成课程情境，深植儿童立场意识，提高职业道德认识，涵养教育情怀。其次，通过"实践活动+氛围营造+社团活动+……"形成活动情境，营造育德氛围，浸润儿童观，陶冶师德情意，坚定职业信念。最后，通过"主题教育+师风工程+教学实习+……"形成职业情境，在舞蹈课程教学中融入学前教育专业特色，把儿童立场始终放在教学首位，规范师德行为，助力学生提升践行师德能力。

（2）"层级递进"对标关于应用目标培养的内容设计

创建"层级递进"路径，通过课程模块化的设置搭建课程内容层级，在各阶段的逐步上升中培育学生舞蹈认知能力、舞蹈实践能力与岗位应用能力。

首先，初级阶段。通过简要学习舞蹈基础课程，建立专业认知，了解学前教育专业舞蹈课程特点，对舞蹈教学产生基础认知，学会欣赏舞蹈，同时对自己的身体、自身所处的空间以及舞蹈运动相关规范都进行了解。其次，中级阶段。本阶段为学前教育专业舞蹈教学的深入阶段，学生普遍掌握舞蹈专业技术能力，可以进行舞蹈应用与实践，形体与姿态得到锻炼，掌握芭蕾基训规范，可以独立完成芭蕾的多个基训组合，形成对舞蹈姿态的自我约束意识；学习多个中国民族民间舞蹈，学生能够分辨各舞种的风格、动律与艺术特色，可以熟练地进行展示，动作规范、有美感；可以自主创编简单的儿童舞蹈，掌握儿童歌舞表演、音乐即兴等方面的技能。最后，高级阶段，本阶段较为特殊，启动时间既晚于前两个阶段，又融于前两个阶段，是在前两个阶段进行过程中就开始的阶段。简单来讲，即学生在开始舞蹈基础认知与舞蹈实践与应用时就应该在教学中介入岗位应用能力的培养。包括在日常学前教育专业舞蹈教学进程中，开展校园舞蹈比赛、师范生技能大赛等赛事，提升学生技能应用水平；在教学进程中及时把幼儿园见、实习纳入其中，通过给学生布置任务，使专业应用更为有效；鼓励学生参加校外舞蹈培训机构实践教学、社会舞蹈志愿服务等活动，有条件的学校还可以加快构建虚拟仿真实境创设，使学生更好地完成专业与岗位的有效衔接。

（3）"指向性"与"普遍性"对标关于素质目标培养的内容设计

对素质目标的培养不是独立的，其完全融合于精神目标与应用目标的培养过程中，在"三境共育"与"层级递进"的内容设计中，身心素质已然得到了培养，因此对于素质目标培养的内容设计不需要"大"而"宏"的体系设计，只需要做到"指向性"与"普遍性"的巧妙结合。

例如，学前教育专业舞蹈教学内容中关于身体素质的培养，一方面是指健康的身体素质，即所有学生都应该具备的身体素质，如健康的心肺能力、力量要求等，要做到教学内容的普适性，可以面对全体学生进行教学。另一方面是指舞蹈身体素质，要求身体具有灵敏性、柔韧度、节奏感以及其他舞蹈反应力、爆发力与协调力等，这时需要设计的教学内容则更应该具有指向性与针对性，专门为舞蹈身体素质的培养而设计。

三、学前教育专业舞蹈教学环境子体系建构

（一）教学环境界定

教学环境是实践教学体系中教学活动开展的基本要素，也是实现教育目标，促进学生身心发展，推动教师开展教学行为的必要条件。可以说，教育对学生

的影响，是以教学环境为依托的，学生在环境内接受知识与技能，获取必要资源，并转换为内在发展动力。国内外关于教学环境概念的论述众多，如澳大利亚著名教学环境专家弗雷泽（Barry J Fraser）认为教学环境是一种课堂教学情境，由课堂空间、人际关系、课堂生活质量和课堂气氛等各种因素构成；美国学者辛克（R L Sinclair）认为教学环境是一种能够促进学生身心发展的条件、力量和各种外部刺激因素。关于教学环境构成要素的论述，中国学者顾明远认为教学环境包含物质要素、社会要素和心理要素，其中物质要素包含教学用品、图书设备、文体器材等，社会要素包含班级文化、师生关系、教师素质和社会风尚等，心理要素包含班级心理生活、校风、班风、学风等。① 也有专门论述某一专业需要的教学环境的观点，如石振国等在论述体育教学环境时认为教学环境包含硬环境与软环境两个部分，其中硬环境包含教学设备、场地设施、教材及其他书籍，软环境包含师生关系、学生关系、学生心理以及教师创建的学习氛围。②

综合国内外关于教学环境的论述，本书依据教学目标与教学内容的设计，将学前教育专业舞蹈教学体系的教学环境分为三类：课堂教学环境、岗位教学（实习）环境、虚拟教学环境。三类均以儿童立场为导向，以校企融合为依托，以物质要素、情感要素为构成要素，为满足学前教育专业学生舞蹈教学需要，融合构成学前教育专业舞蹈教学体系的教学环境子体系（见图2-2）。

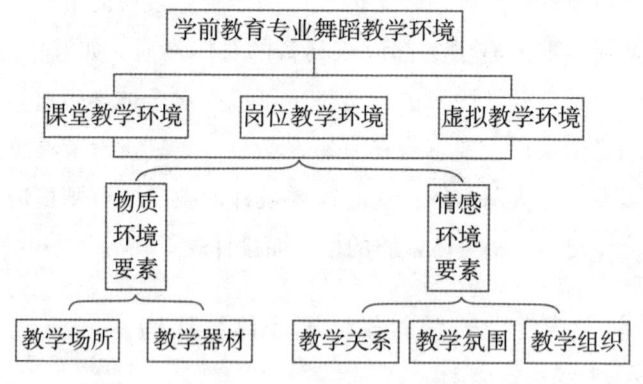

图2-2 学前教育专业舞蹈教学环境子体系框架

---

① 顾明远. 教育大辞典（增订合编本·上）. 上海：上海教育出版社，1998：752.
② 石振国，田雨普. 信息化时代体育教学环境的系统观. 首都体育学院学报，2005(2)：85-87.

（二）教学环境子体系的儿童化表达

1. 物质环境要素

（1）教学场所

教学场所作为物质环境要素中的首要组成部分，对教学活动产生直接的影响。既包括日常课堂教学的舞蹈教室，又包含幼儿园实训基地、舞蹈表演舞台、线上虚拟教学场所或空间（见表2-3）。教学场所环境可以引起师生不同的心理感受，能使老师和学生在心理上产生共鸣。

表2-3 学前教育专业舞蹈教学场所环境要求

场所	创建要求
舞蹈教室	①场地大小满足至少80人以上自由活动，面积应达到120 m² 以上，空间挑高至少6 m以上；②教室光线充足，明亮适宜，通风效果好，装有温度调节设备，保持空气干净；③教室干净卫生；④教室装饰遵循专业与童趣相结合，既有舞蹈名家肖像、经典剧目剧照也要带有儿童色彩的舞蹈作品装饰；⑤教室地板采用舞蹈专用地胶，防滑、耐磨、有弹性；⑥教室内部设置更衣区；⑦教室功能区布局合理，满足舞蹈课堂需要；⑧教室符合消防规定；⑨其他要求
幼儿园实训基地	以幼儿园实际条件为依据设置教学场所。户外塑胶场地、室内专有舞蹈教室、室内区角
舞台	专业舞台建设
虚拟空间	以信息化技术创建满足教学需求的虚拟教学空间

（2）教学设备

教学设备是开展舞蹈实践教学活动的各种器材及辅助设备，属于传统教学环境中的教学用具的范畴，基于舞蹈学科的特殊性，学前教育专业舞蹈教学环境中教学设备的配置应注重必要性、安全性、辅助性等特性，以此促进教学活动的顺利开展。

舞蹈教学设备有以下几种。

①墙镜

著名舞蹈教育家吕艺生说"镜子是舞蹈者无形的老师"[①]，镜子可以反映舞者最真实的身体姿态，专业舞蹈教室必须配备墙镜，墙镜要求紧贴实体墙面安装，保证安全稳定。

②把杆

把杆是舞蹈教室必不可少的辅助器材，分为固定把杆和移动把杆两类。把杆对身体起到支撑作用，学生在把杆的辅助下完成一系列舞蹈动作，如芭蕾基训中的把上训练动作，全程需要用到把杆，对学生把握重心、平衡等训练起到极大的帮助。

③音响设备

音响设备是舞蹈课程开设的必备教学资源，舞蹈属于视听艺术的一种，音乐是舞蹈过程中的必要因素，没有音乐的舞蹈犹如默声电影，伴随音乐进行舞蹈，对于学生乐感与节奏感的培养至关重要。早期舞蹈教室的音响设备多以录音机为主，随着时代的发展，多媒体信息技术发展迅速，有条件的学校引进高档的音响播放一体机，为舞蹈教学提供极大便利。

④钢琴

学前教育专业学生的专业性质决定了他们必须具备"弹唱跳画"等多种技能，舞蹈教室放置钢琴既满足了舞蹈中伴奏的需要，又能带动学生多种技能的全方位发展。

⑤其他器材

除了以上必备设备以外，舞蹈教室的设备清单中还应添加其他器材或设施，如舞蹈专用海绵软垫、舞蹈练功长凳以及为幼儿舞蹈创编准备的多种道具等。

2. 情感环境要素

（1）教学关系

教学关系是教学过程中发生人际交往而形成的心理关系。在学前教育专业舞蹈教学体系中的教学关系应指教师与学生之间、学生与学生之间的课堂教学关系以及学生与幼儿之间、学生与企业之间的社会交往关系，含有认同

---

① 吕艺生. 舞蹈教育学. 上海：上海音乐出版社，2015：144.

与悦纳，分享与合作，欣赏与支持等多种类别。多种关系的建立促成了人与人之间信息交流与传播的顺畅，完成了知识技能的获取与转化，对于学生岗位实践能力的提升有极大的推动作用。

（2）教学氛围

教学氛围是教学活动参与主体之间依据教学目标实施教学行为而形成的占据主导地位的心理环境。学前教育专业舞蹈教学氛围的营造应着力突出主动与能动，激情与活力，关怀与包容，规则与"越界"的理想状态，良好的课堂教学氛围可以促使师生相互尊重与密切合作，为课堂知识的传递构建和谐的联结渠道，为教与学双向目标的达成形成充分的条件。

（3）教学组织

教学组织是教学规模与班级设定条件构成的组织系统。不同的教学规模产生的教学密度间接影响着教师的授课进度、授课情绪及学生群体知识覆盖的程度。不同的教学班级设定形成不同的班级成员结构，对教师教学方式的选择、教学策略的实施以及生生之间、师生之间的互动交流产生影响。

通常情况下，学前教育专业舞蹈课以大班教学为主，人数在30~40左右，教学规模"大"，无法做到精准施教。另外，传统认知里，男生通常被看作学前教育专业舞蹈课程的"弱势群体"，难以融入以女生为主的课堂内，呈现知识获取的普遍弱势化，因此在班级设定上应着重考虑男生单独分班上课。值得一提的是，关于男生单独分班上舞蹈课的做法正逐步推广，相信在不久的将来，依据学前教育专业学生性别进行的教学组织安排会更加具有普适性。

四、学前教育专业舞蹈教学方法子体系建构

（一）教学方法界定

"方法"一词源于希腊文"metdos"，原意为通向某地的方式，有"沿着"与"道路"的意思，可以看成是以特定方式开展有秩序的活动以实现某种目的的方法。[1] 而在中国2000多年前就有关于"方法"一词的论述，墨子在

---

[1] 陈永青. 幼儿快乐体操教学体系构建研究. 武汉：武汉体育学院，2019：123.

《墨子·天志》中说："今夫轮人操其规，将以量度天下之圜与不圜也，曰：中吾规者谓之圜，不中吾规者，谓之不圜，是以圜与不圜，皆可得而知也。此其故何？则圜法明也。匠人亦操其矩，将以量度天下之方与不方也。曰：中吾矩者，谓之方，不中吾矩者，谓之不方。是以方与不方，皆可得而知也。此其故何？则方法明也。"[1] 在此处，方法与手段的意义接近。《中文大词典》中将"方法"定义为人们巧妙办事应遵循的条理或轨迹、途径、线路或路线。[2]

当前，在我国教育理论界对于教学方法并未形成统一的认知，呈现多种论述观点。第一种：教学方法被看作是一种师生相互作用的活动，该活动由教学原则指导，为达到教学目的，实现教学内容，运用的教学手段。第二种：教学方法分为教师的教法和学生的学法，是教师为完成教学任务，引导学生掌握知识与技能，使学生获得身心全面发展的师生共同作用的方法。第三种：教学方法是教师与学生在教学过程中为实现教学目标，完成教学任务而采取的教学相长的活动方式的总称。第四种：教学方法是以教师为主导，以学生为主体，教师组织学生主动进行学习活动的动作体系。[3] 总体来看，关于教学方法的定义虽有不同，但是其本质在一定程度上是一致的，即教学方法一定是为教学目标与教学任务服务的，教学方法的有效实施最终是为了促成学生有效的学习。同时，教学方法的实施过程中，教师与学生的主体身份并不应该成为狭隘的"服从"关系，双方应建立密切联系，相互作用，共同完成教学任务。

通过对"方法"与"教学方法"的分析，本书将学前教育专业舞蹈教学方法定义为：教师和学生在舞蹈教学过程中，以儿童立场作为出发点，为达成"情怀""应用""素质"目标，根据专门的教学内容，师生双方密切配合、共同进行且相互作用的一系列活动方式、手段、技术和程序的总和。

---

[1] 墨翟. 墨子[M]. 曹海英译注. 哈尔滨：北方文艺出版社，2018：131.
[2] 中文大辞典编撰委员会. 中文大辞典（第19册），中国文化研究所印行，1982：115.
[3] 张恩，胡永南，向京. 试论体育教学方法的概念、分类及其运用. 西安体育学院学报，2003(4)：100-102.

（二）教学方法子体系的儿童化表达

学前教育专业舞蹈教学体系中的教学方法既有普通教育类课程的普适性教学方法又包含舞蹈学科中的特色教学方法，本研究按照教师的教与学生的学的方法，结合学前教育专业舞蹈课程的实践，构建包含4类教法，2类学法的教学方法子体系（见图2-3）。

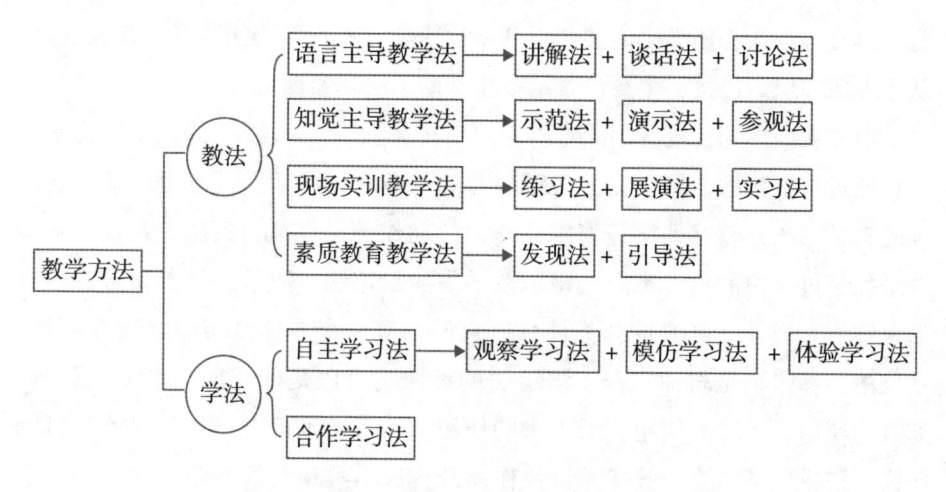

```
                    ┌─ 语言主导教学法 → 讲解法 + 谈话法 + 讨论法
                    │
              ┌ 教法├─ 知觉主导教学法 → 示范法 + 演示法 + 参观法
              │     │
              │     ├─ 现场实训教学法 → 练习法 + 展演法 + 实习法
              │     │
       教学方法┤     └─ 素质教育教学法 → 发现法 + 引导法
              │
              │     ┌─ 自主学习法 → 观察学习法 + 模仿学习法 + 体验学习法
              └ 学法┤
                    └─ 合作学习法
```

图2-3　学前教育专业舞蹈教学方法子体系框架图

1. 以语言传递为主的语言主导教学法

语言主导教学是指教师运用口头语言的表达向学生传授、讲解知识，包含讲解法、谈话法和讨论法。在实际的舞蹈课堂中，讲解法和谈话法的运用较广，而讨论法的运用往往占据较少比例。

传统意义上，舞蹈课程讲究"口传身授"，即语言的表达和身体的示范，其中"口传"的实质就是讲解法。舞蹈教学中，为了使课堂教学进程得以推进，使学生快速领会并掌握技能，语言的准确运用可以起到事半功倍的效果，可以说，讲解法是舞蹈教学过程中最普遍的方式。谈话法则是师生间密切交流，共同作用推动舞蹈课堂的体现，在谈话过程中，教师可以了解学生的学习情况，收集学生对于课堂的反馈，及时做出适宜课堂的教学调整，不断改进、完善教学方式，营造愉悦的课堂氛围，建立和谐的师生关系。讨论法则是因为讲解法与谈话法的普遍运用导致在所剩无几的课时内，教师无法组织学生进行有效的讨论，或讨论不深入，流于表面。但是在面对某个难题时，如果教师能够专门在一定的时间内引导学生完成高效的讨论，将会激发学生的探索欲，促进知识的有效内化。而在讨论过程中，教师适时的鼓励与肯定，则能够进一步提升学生的自信心，增强对舞蹈课堂的兴趣。

2. 以直接感知为主的知觉主导教学法

知导教学法是指教师通过对现场实物和直观教具的展示以及组织学生参观、鉴赏等行为，使学生能够利用身体的感觉器官直接感知客观事物及现象，从而完成知识的传授，主要包含示范法、演示法和参观法。

前文我们提到传统舞蹈课堂讲究"口传身授"，"身授"的实质即为示范法。通过讲解法的运用，加上舞蹈教师的示范教学，学生可以更快地领会教师的教学意图，较好地掌握舞蹈动作，使动作更加规范、到位，有效地解决舞蹈教学过程中的重、难点。舞蹈教学中的示范法、演示法和参观法都具有形象性、直观性、真实性和具体性，它们都有一个具体真实的客观参照物，示范法的参照物是教师本身，演示法的参照物可以是幼儿舞蹈创编的道具，如鼓的使用、手绢的使用、纸飞机的使用演示等，也可以是各个民族的舞蹈服饰穿搭或现场播放一般优秀舞蹈作品的视频，参观法的参照物选取则应走出传统课堂，走进幼儿园感受真实的幼儿舞蹈教学情境，或走进剧院直观感受舞蹈艺术带来的视听冲击。以直接感知为主的知觉主导教法可以通过多种手段与途径直接触动学生的感知神经，在课堂内外不断提升学生的审美阈值，加强舞蹈学习兴趣的培养。

3. 以实际训练为主的现场实训教学法

现场实训教学法以实践活动为特征，是教师指导学生练习、展演、实习等多种实践活动，使学生巩固知识体系，完善技能，建立职业认知的教学方法，主要包含练习法、展演法和实习法。

舞蹈技能的获取一定不是纯粹理论知识的积累与认知，而是经过长期、大量、重复的训练才能完成目标。例如，舞蹈基本功中的软开度练习、身体力量练习，以及舞蹈感觉的练习等，并不是在教师讲解之后学生知道了怎样去做就能达到要求，而是在"知道怎样做"到"真正要去做"之间通过练习法的运用，使"知道"变成"做到"。所谓的"台上一分钟，台下十年功"，正是体现了舞蹈教学中练习法的重要性。舞蹈作为一门表演艺术，在教育领域内，应加强"教"与"演"的密切融合。教师应明确教学与展演的关系，注重实际教学中搭建"演训一体"的教学平台，增加教学的实用性。展演法既可以是课堂内同伴间的展演、集体的展演，也可以是舞台上具有观赏性的展演。为了突出学前教育专业舞蹈实践教学体系中的实践意义，实习法的运用必不可少。实习法是指依据教学目标与教学任务，教师指导学生在校内外的实习场所内，运用所学知识进行实际操作或其他实践活动，帮助学生掌握知识与技能的方法。

4. 以探索研究为主的素质教育教学法

素质教育教学法主要是指通过教师的组织和引导，驱使学生以独立自主的探索和研究精神完成教学知识的获取，该方法真正实现了"以学生为主体"的教育思想，包含发现法与引导法。

在日常舞蹈教学中，教师的口传身授教学方式，便于舞蹈技能的传授，教师也习惯于统一性的指导，但是这种教学方式又可能会忽视学生个体间的差异导致的动作规范差异，影响学生的个性发展。例如，幼儿舞蹈创编过程中，假如学生不能够自主探究，独立思考，那么在教师的统一授课中，将会形成"千人一面"的呆板状态，动作不出新，形象不出彩，理解不全面，情感表现固化，创作出来的作品无法吸引幼儿观众。运用以探索研究为主的素质教育教法，教师可以在舞蹈教学过程中，通过积极引导学生，重视学生个体的独特性与个性差异，重视学生自动自发地学习[①]，使得学生的独立性得到充分的发挥，切实地培养学生的探索能力与创造能力，创新性也将得到显著提升，教学效果会更好。

5. 自主学习法

自主学习法，是指学生在教师的引导下，充分考虑自身条件和实际需求，自主选择教学内容，并通过独立的操作来进行学习的方法。自主学习法的运用充分发挥了学生的主体性作用，教师借助教学内容从激发学生兴趣出发，

---

① 张中煖. 创造性舞蹈宝典——打通九年一贯舞蹈教学之经脉. 台北：台北艺术大学，2007：14.

引导学生自主学习并探索创新，进而得以应用发展，使学生能够积极主动地获取新知识，掌握新技能，创新意识、自学能力与实践能力的培养是自主学习法的突出亮点。

在学前教育专业舞蹈教学体系中，自主学习法包含观察学习法、模仿学习法与体验学习法。观察学习法是舞蹈教师引导学生通过观察教师或同学的动作，进而完成知识的自我消化与吸收。模仿学习法是舞蹈教师引导学生模仿客观事物或行为的方法，如通过对某一同学良好的舞蹈学习态度、能力的表扬，引发学生对学习行为的模仿，抑或对优于自己的学生，要通过模仿学习来找差距，补短板。体验学习法是舞蹈教师引导学生敢于尝试，勇于体验，面对未知的学习内容，要以一种探索精神去亲身体验，方能感悟深刻。

运用自主学习法，教师需要做到三点：其一，要尽可能地为学生创设条件，提供自主学习的空间、形式与材料，同时把自主权交于学生；其二，教师要对学生进行积极的指导与帮助，及时地纠正学生在自主学习过程中所犯的错误；其三，教师要担当起监督的责任，自主学习的习惯与能力不是一朝一夕养成的，学生难免会出现思想与行动上的懈怠，此时教师要督促学生及时回归正轨，养成良好的学习行为和习惯。

6. 合作学习法

合作学习法，是以学生为中心，以合作为方式进行学习的的重要教学方法。学者麦肯奇（Wilbert McKeachie）曾认为："如果要问什么是最有效的教学法，这与目标、内容、学生、教师有关。但若要问什么是其次最有效的教学法，那就应该是学生教学生""学生教学生"就是合作学习法中的一类。合作学习法主张学生之间互教互学，以合作促学习，包含互评学习法与互助学习法，两种方法往往结合在一起使用，即教师引导并创造条件使学生之间互相评价、互相帮助。

在学前教育专业舞蹈实践教学体系中，课程设置往往涉及知识框架与认知框架两类，即客观存在的舞蹈知识、技能知识框架，学生对客观舞蹈知识、技能的认知与获取为认知框架，两个框架在教师的教学目标中是融合一体的，但实际情况往往是客观的框架依然存在，而每个学生的主观认知框架建立程度不同，甚至相差甚远，也就是我们常说的对于同样的一门课，个体的理解、接受与掌握各有不同。《礼记·学记》中记载"独学而无友，则孤陋寡闻"①，古人早就认识到独立学习有其不足之处，在面对知识框架与认识框架两者差距较大的情况下，合作学习完成了独立学习所达不到的效果，凸显了其重要性。当然我们不能否认独立学习的优点，例如，舞蹈课前布置舞蹈剧目的预习，要求学生自主学习剧目中的舞蹈动作、方位、调度等，可以使学生构建认知框架的初级状态，经过课堂教师的讲授，个体的认知框架与知识框架出现了差距，此时同伴间的合作学习则完成了认知框架的检查、调整与修改，使之进一步巩固并进阶成新的高级状态，缩小认知框架与知识框架间的差距。因此，准备采用合作学习法的教师，一定要先保证学生有足够的独立学习的时间与空间，独立学习与合作学习，二者相辅相成，缺一不可。

合作学习法一方面可以减少学生认知框架与知识框架间的差异，增强舞蹈学习效果；另一方面，教师通过合作学习法的运用营造互评互助的学习氛围，建立学生间互信、互爱的学习情感，从某种意义上来讲，有效地搭建了学生从个体走向社会的桥梁，促进了学生的社会化发展。

---

① 戴圣．礼记[M]．张博译．沈阳：万卷出版有限责任公司，2019：238．

第三章　学前教育专业舞蹈教学主体素养建构研究

第一节　教师身份认同与专业素养提升

"百年大计，教育为本；教育大计，教师为本"，教育为国之大计，教师是"立教之本""兴教之源"，教师专业素质的提升与专业能力的发展是教育领域的头等大事。2018 年 2 月，教育部、国家发展改革委、财政部、人力资源社会保障部、中央编办 5 部门联合印发《教师教育振兴行动计划（2018—2022 年）》，指出"教师教育是教育事业的工作母机""全面提升教师素质能力，努力建设一支高素质专业化创新型教师队伍"，为当前和今后一段时间内如何全面深化新时代教师队伍建设指明了方向。同年，中共中央、国务院颁布的《关于全面深化新时代教师队伍建设改革的意见》谋划了新时代教师队伍建设的宏伟蓝图，明确了今后全面深化教师队伍建设的根本任务与措施，"兴国必先强师"，教师队伍建设和质量的提高将是国家建设教育强国的重中之重。

相当一段时期内，我国的教师队伍建设整体取得了令人瞩目的成就，然而部分教师的专业素质与专业发展却始终未见突破性的进展，教师的教学质量与状态也有不尽如人意的地方，为什么会出现这样的问题，笔者认为，这就是教师的身份认同出现了问题。教师的身份认同是一种职业内在的发展动力，在教师的职业素养提升与专业发展中有着举足轻重的地位，是教师队伍建设的核心。

一、身份认同内涵

（一）身份

"身份"（identity）一词与"status"相似，有"置放""站"的含义，在词源上来看具有"处于一定'位置'或'地位'"的意思。《牛津英语词典》中对"身份"的解释为"物体的相似性""可界定和区分出某物的独特性"，表明身份有"相似性与独特性"的特征，而在《韦氏词典》中对于身份的解释更为丰富，有"同一性""自我同一性""相同、类似的性质"等。[①]

通过"身份"与"角色"的对比分析，可以看出"身份"是指"个人在群体中所占据的地位或职位"[②]，"角色"是在"身份"基础之上，所保持的与"身份"一致的权利与义务，以此来看，教师这一角色正是基于教师在特定的身份认同的基础上所扮演的"根据社会客观期望，借助自己主观能力适应社会所表现出来的行为模式"[③] 的个体。

基于此，身份是对"角色"要求的内在标识，是"人际交往中识别个体差异的标志和象征"[④]，也是其"社会地位""身份观念""关系定位"等的附属价值的多重认知，是当前社会体系中已然存续的既定客观事实，当然身份的既定存续是相对的，它还具有流动性，随着时代的发展，身份可能会发生变化。

（二）身份认同

关于身份认同的研究早期出现在心理学、社会学领域，如身份认同是"个体关于自我的确认，是个体对某种意义上的身份的一种心理肯定和身体机能的成熟过程"[⑤]，在社会心理学领域则将身份认同与社会环境联系在一起，

[①] 杨茜. 我国教师身份认同的当代境遇及其伦理路向. 博士学位论, 华东师范大学, 2019：9.
[②] 哈德编. 牛津英语词源词典[M]. 上海：上海外语教育出版社, 2000：227.
[③] 梅里亚姆-韦伯斯特公司. 韦氏高阶英汉双解词典[M]. 施佳胜等译. 北京：大百科全书出版社, 2017：1047.
[④] 卢晓中, 王雨. 教师身份认同及其提升. 高等教育研究, 2020(12)：58-66.
[⑤] 杨茜. 我国教师身份认同的当代境遇及其伦理路向. 博士学位论, 华东师范大学, 2019：12.

美国社会心理学家米德认为人作为个体的自我身份认知并不是生而有之的，而是建立于其从属的社会环境中，在经过社会经验与活动的双向作用下，与他人建构某种关系继而才产生了自我认知，即身份认知。[①] 在社会学领域，身份认同可以与"社会认同"画上等号，"社会认同被定义为个体知晓其归属于特定的社会群体，而且其所获得的群体资格会赋予其某种情感和价值意义"[②]。

因此，综合不同学科领域对于"身份认同"的研究，可以发现"身份认同"的实质是个体对"我是谁"的追问与反思，是个体讨论"我应该怎样做""我为什么这样做"的价值判断与情感定向。身份认同的过程是个体与社会互动生成的过程，是个体建立群体规范、行为准则、道德标准与价值判断认同感的过程，也是自我融入某一环境建立归属感的过程。就教师职业身份认同来看，"教师职业认同是指教师对自己所从事职业的感知和评价，包含对职业的基本性质、价值及规范等认识，是指个人从内心认为从事职业有价值、有意义，并能够从中找到乐趣"[③]。既强调了教师作为独立个体的个性层面，也强调了教师作为社会人的社会性的一面，既包含社会对教师的位置期望，又赋予了教师追求主体自身建构的追求。

二、学前教育专业舞蹈教师身份认同维度

教师的身份认同是影响教学实施的关键因素，位于教师职业的核心位置，对教师的教学信念、教学决策以及教师的课堂实践和职业发展产生重要的影响。在建构主义身份研究视域内，教师的身份不是一个固化而稳定的标识，而是从个体与他人、个体与组织、个体与专业、个体与社会的多重互动关系中不断生成建构而来，是教师自我持续建构的过程，可以理解为教师的自我身份认同、教学身份认同、关系身份认同、组织身份认同等。

[①] 乔治·H.米德. 心灵、自我与社会. 赵月瑟译. 上海：上海译文出版社，2005：108.
[②] 迈克尔·A.豪格、多米尼克·阿布拉姆斯. 社会认同过程. 高明华译. 北京：中国人民大学出版社，2011：9.
[③] 谢谦梅，顾韶雄. 自我的迷失与重建：论体育教师职业认同的唤起. 南京体育学院学报，2011（4）：102-105.

第三章 学前教育专业舞蹈教学主体素养建构研究

（一）教师的自我身份认同

学前教育专业舞蹈教师的自我身份认同表现在以下几个方面。

第一，不断加强专业学习。教师应争取并珍惜各种提升自身专业学识的机会，在课堂内外向前辈请教，与同行交流并从学生中得到反馈，利用节假日参加专业学习与研修，将新的教学理念、教学方法运用到自己的舞蹈课堂，不断进行教学的改革，持续建构理想的自我身份认同。

第二，面对挫折的不放弃。学前教育专业舞蹈教师在教学过程中难免会遇到多种多样的挑战、挫折或非议，可能是来自社会的评价、家长的质疑、学生的无效反馈或教学效果的不理想等，此时的不放弃在于对自己身份的坚定认同，对自己专业能力的正确认知，对自己教学行为的无比自信，同时还有对自己教学组织的深刻反思，进一步促进自我身份认同。

第三，形成自我为主体的内在精神品质。即学前教育专业舞蹈教师主体精神的构建，包含其价值观念、道德准则、教育情怀与理想信念等。要实现普遍意义上的教师自我身份认同，即达到外部世界所期望看到的教师形象的塑造，无疑需要主体精神的支撑。"人想要实现真正的自我，他需要有一个积极奋斗的人生观，一旦他的人生观开始消沉，一旦他的理想开始枯竭……他就无法自动自发地去寻找那些有积极意义的价值，无法真正地实现自我"[1]，因此，教师要时刻追问自己"我是谁""我是怎样的人""我应该如何教书育人"，这些来自内心世界的思考，正是其主体精神的觉醒，也是自我身份认同必然建构的力量。

（二）教师的教学身份认同

学前教育专业舞蹈教师的教学身份认同表现在以下几个方面。

第一，作为创造性教学活动的引导者。传统学前教育专业舞蹈教学活动中，教师多采用"口传身授"的教学方式，进行传导式的授课，其作为授业

---

[1] 卡尔·西奥多·雅斯贝尔斯. 当代的精神处境. 黄藿译. 北京：生活·读书·新知三联书店，1992：147.

者，对学生往往会形成一种"高姿态"，知识的传递"自上而下"，学生的知识获取机械而枯燥。在教学身份认同建构中，教师应"俯下身来"，由传导者变为引导者，在舞蹈教学过程中注重与学生的沟通交流、共同进步，其角色从知识的传达者变为学生学习的促进者。

第二，兼顾舞蹈教学的实践应用与人文意味。学前教育专业舞蹈课程是实践性与应用性极强的学科，课程设计也多以学生技能培养为主，忽视了从学科中展示特有的人文意味，教师的教学身份认同建构中，要在培养学生综合技能的基础上，挖掘具有民族性、时代性、有审美、有意义的课程内容，在美的教育中潜移默化地提升学生的人文素养。

第三，教学改革的多元探索。传统学前教育专业舞蹈教师的教学行为可归纳为：掌控课堂、传授知识、示范纠错、沟通交流、布置作业等几个环节。在学前教育专业舞蹈教师教学身份认同的建构中，应为教师的舞蹈课堂赋予新的形式，例如，树立新的教学价值观，将情感、交往、对话甚至是智能应用都纳入教学活动中；倡导开放性的教学过程，引导学生以多种方式、多种路径、多种媒介参与到教学过程中来，促进师生间的多维互动。教师在教学身份认同建构下完成自我身份的认知和转型，进一步提升专业水平，彰显生命价值。

（三）教师的关系身份认同

师生关系是学前教育专业舞蹈教师的关系身份认同中最为重要的一组，表现在以下几个方面。

第一，因材施教，依据学生特点进行教学设计。学前教育专业学生的舞蹈基础远远弱于舞蹈专业学生，同时，学前教育专业学生的舞蹈水平也呈现水平不一的现象，因此面对基础与水平不同的学生进行相应的教学是极为必要的。既要做到面对全体学生进行普适性舞蹈教育与技能训练，又要针对"后进生"单独"开小灶"补课，争取达到平均水平，同时对于"底子"好，有悟性的学生也要重点培养，将舞蹈技能充分拔高，使之更好地应用。

第二，理解欣赏，尊重学生的差异化特性。每个学生都有自己的闪光点，学前教育专业舞蹈教师要学会带着发现的眼睛去寻找学生的闪光点，例如，有的学生舞蹈软开度不佳，但是舞感较好，创作能力强，有不错的表演天赋，那么教师则应该适时地鼓励、引导学生去最大化地展示自己的优势，让学生自己也能发现自己的"过人之处"，从而愿意抛掉基础薄弱的思想枷锁，更好地适应舞蹈课堂，进一步弥补劣势，全面地发展自己。

第三，伦理关系转换，教学中的不同角色定位。教师身份从本质上规定教师"为师"的既定事实，而"为人师表""良师益友""一日为师终身为父"等描述教师职业的语句对教师这一职业及其相关工作再次进行了价值的评判与伦理的界定。教师不同的角色定位为教学提供了多种可能性，可以创新舞蹈教学方式，提炼适宜性的舞蹈资源，最终为教学服务。

（四）教师的组织身份认同

学前教育专业舞蹈教师的组织身份认同是其身处社会环境下一定组织（此处理解为学校）内的身份认同及自身处于组织内地位的认知，表现在以下两个方面。

第一，学校为教师的身份认同提供了相对稳定的立身之所，也为教师建立身份认同提供了诸多的便利条件。教师从学校中获得制度、情感、资源的支持，从而更加坚定教学信念，将自我融入组织集体中，产生强烈的集体归属感。

第二，在一定组织内建立学科共同体促进教师组织身份认同的建构。学前教育舞蹈教师应在学科共同体内对自身应该做什么、杜绝做什么、为什么这样做形成清晰的认知，明确教师行为规范与价值追求，进一步激发学前教育专业舞蹈学科生命力，促进学科的持续发展。

三、基于身份认同的学前教育专业舞蹈教师专业素养提升路径

教师是教学的主导者，是教育目标的直接实施者，为培养适应社会发展与终身发展的学生及其具备的品格和能力，教师必须在职业身份认同的基础上具备相应的品格与能力。

(一) 概念界定

1. 素养

"素养"一词在《现代汉语词典》中解释为："素"指本来的，平日的；"养"指培养、修养，素养是由训练和实践而获得的技巧或者能力，即平日的修养。[①]"素养"与"素质"为近义词，都表示人的内在、较稳定的心理特征，但是对比来看，二者仍有区别，素质一词重点在"质"，指事物的本质，在心理学角度指"人的神经系统和感觉器官上先天的特点"，素质是人类心理活动的先决条件，属于先天范畴；素养一词重点在"养"，表示人经过后天的学习获得的能力和技巧，素养"注重个体的全面发展，强调对知识的内化，是个体成长的核心"[②]，既有素质层面的先天性成分，又有修养层面的后天习性范畴，是个人内秉性与外在行为的综合。

2. 教师专业素养

教师的专业素养可以理解为教师在先天素质基础上，经历了教育、实践等后天途径逐步养成的对自我教学活动产生积极影响的素质与修养，也是教师"从事符合时代发展的职业活动所需要的各种心理品质的总和"[③]，教师的专业素养建立在把教师这一职业视为"专业"的基础上，是教师经过系统的教师教育与长期的教学实践逐渐发展而来的素养，教师的专业素养决定了教师专业发展的层级，具有"专业性、发展性"以及"不可替代性"特征，其构成要素包含教师的品格、教师的能力、教师的知识以及教师的信念。从教师的发展角度来看，教师的专业素养指教师从不成熟到成熟的过程，从不熟练到熟练的过程，从新教师到专家型教师的过程，也是逐步坚定职业理想、发展职业能力，最终形成专业身份认同的过程。

3. 学前教育专业舞蹈教师专业素养

学前教育专业舞蹈教师专业素养是根据本专业的舞蹈教学特点，教师经

---

① 中国社会科学院语言研究所词典编辑室. 现代汉语词典(第5版). 北京：商务印书馆，2011：1302.
② 黄友初. 教师专业素养：内涵、构成要素与提升路径. 教育科学，2019(3)：27-34.
③ 同上.

过长期的、持续性的学习与训练所养成的良好品格与教学信念，同时达到满足职业应用需求的专业技术水准、教育教学经验的专业素养。学前教育专业舞蹈教师专业素养表现在具有专门的学科知识，并将知识传递给学生的理智取向；具有个体独立性、教学认知度，并强调个体与教学的深度连接的实践反思取向；具有协作互助精神，并强调"群体"力量的生态系统构建。

（二）学前教育专业舞蹈教师专业素养提升策略

2018年2月，中共中央、国务院印发《关于全面深化新时代教师队伍建设改革的意见》提出"到2035年，教师的综合素质、专业化水平和创新能力大幅提升"[①]。2019年2月，中共中央、国务院印发《中国教育现代化2035》提出"建设高素质专业化创新型教师队伍"[②]的要求，从国家层面对高素质教师的培养提出了战略部署。

提高教师的专业素养是加强师资队伍建设，培养高素质教师的基本要求，除了从国家层面给予制度保障、政策支持、学科支撑、标准引领以外，更多地应从学校与个人层面进行。

1. 学校层面

（1）加强教学环境建设，保障教师专业发展

教师专业素养的提升与教师的先天素质和后天养成直接相关，其中后天养成表现在入职前的专业积累与入职后的在教学环境下进行的专业探索，在职业身份认同视域内，教师专业素养的后天养成主要指入职后的专业素养。因此，加强教学环境建设为教师专业素养的后天养成提供基础供给显得尤为重要，环境建设既要保障"硬环境"，又要注重"软环境"。一方面，"硬环境"的构建表现在为学前教育专业舞蹈教师的学习和工作提供优良的空间，即包含舞蹈教学场地的充分利用度，也包含办公区、休息场所的适宜环境。另一方面，"软环境"的构建表现在建立制度保障舞蹈教师的话语权与自由

[①] 新华社：中共中央、国务院关于全面深化新时代教师队伍建设改革的意见，2018年1月，http://www.gov.cn/zhengce/2018-01/31/content_5262559.htm

[②] 新华社：中共中央、国务院印发《中国教育现代化2035》，2019年2月，http://www.gov.cn/xinwen/2019-02/23/content_5367987.htm

权,可以提升教师的教学积极性,使教师主动地参与到教学改革中来,从而激发自身的专业内驱力,进一步促进专业素养的提升与发展。

(2) 建立合作机制,强化沟通交流

学前教育专业舞蹈课程兼具艺术性与教育性双重属性,在教师专业素养的校内保障层面既要突出艺术性层面素养的建立,如与中国舞蹈家协会、本省市舞蹈家协会、幼儿舞蹈艺术培训机构合作,共建教师素养培育机制,又要突出教育性层面素养的建立,鼓励教师去幼儿园"挂职锻炼",邀请幼教名师到校访谈,多举措促使教师流通起来,在校企合作的基础上,强化沟通交流,建立教师的责任感、危机感意识,激发教师的素养提升内驱力,使教师明确当代社会的迫切需求,以主导者的姿态全身心投入到学前教育舞蹈教学中来,在自身专业素养提升的基础上,提升教学水准。

(3) 重视教师培养,青蓝工程守望相助

教师应具有"终身学习与持续发展的意识和能力,做终身学习的典范",终身学习是学前教育专业舞蹈教师专业标准的理论基础,也是专业发展的基本要求,对提升教师专业素养起到决定性作用。在职教师的终身学习即学校组织的在职培训,一方面是指所在学校相关部门组织的校本培训活动,提升教师的科研能力与教学水平。另一方面指所在学校相关部门邀请领域内专家以讲座等形式开展的培训,通过"请进来"的形式,加强校内外交流,创造良好的学术交流环境与学习氛围。同时,还有包含"以老带新""师徒结对"的青蓝工程活动,所谓"青出于蓝而胜于蓝",通过新老教师的"结对"相助,教学经验丰富的优秀中老年教师与青年教师以"传帮带"的形式,制定行之有效的实施方案,建立周期性、持续性的"帮扶"机制,逐步提升青年教师的教学水平。

2. 个人层面

(1) 自我研究促进教师专业素养发展

自我研究是促成学前教育专业舞蹈教师专业素养提升的方式之一,是教师以自我为研究对象,全面反思自身教学实践的研究,表现在边实践边反思、边合作边探究,以自身或合作机制检验学前教育专业舞蹈教学的观念与行为,解决舞蹈教学中的相关问题,以此积累实践教学经验,拓展教育教学智慧,获得教学新知。教师的自我研究"有助于其深刻体验自己的示范角色并努力探寻自我身份认同"[①]，同时教师的自我研究的开展"对于教师教育者认识和了解自我，加强自我与他人、理论和实践、教学和研究之间的沟通，进而促进自身专业发展等都具有重要的意义"[②]。学前教育专业舞蹈教师的自我研究首先要做到"反思"，这是自我研究的核心，既是对舞蹈教学所依附的教育认知的反思，对自我观念与经验进行识别，加以改进，又是对舞蹈教学活动教学实践认识的反思，对自我教学实践中存在的问题加以消解，促进专业实践。其次，要做到"力行"，表现在学前教育专业舞蹈教师能够将自我研究的认知成果运用到实际教学实践与改革中，是真正的实践者，做到"知行合一"。

（2）建构发展思维促进教师专业素养提升

当前，随着社会信息化、知识经济发展、网络时代的形成以及信息技术的全面发展与应用，整个教育的大环境都发生了翻天覆地的变化，传统学前教育专业舞蹈教学模式迎来了新的改革机遇，也对教师提出了新的挑战，对广大的学前教育专业舞蹈教师来说，以往教学经验与思维模式对于当代教学形势并不匹配，因此，重新建构适应新形势的教育教学发展思维才能应对学前教育专业舞蹈教学的新模式。一方面，借助信息技术，为舞蹈课堂增色。多媒体技术的发展为舞蹈教学提供了诸多便利，同时也要求教师具备使用信息技术的能力、资源整合的能力，在实现信息技术与专业课堂的深度融合过程中，教师的发展思维得以建构，专业素养得以提升。另一方面，教师借助互联网技术，为自身发展提能。学前教育专业舞蹈教师在知识不断更迭、换代的今天，借助互联网技术可以轻松超越时空界限，全方位吸收优秀的专业资源，弥补自身知识缺陷，优化教学，让学生也能快速感知最先进的专业理念与专业技术，进一步提升自己的专业素养。

（3）加强专业知识学习，建立持续性专业素养提升路径

教师专业素养提升是一个持续性的过程，教师在职业身份认同过程中应注重培育"长流水、不断线"的学习习惯，加强本专业知识的长期积累，逐

[①] 杨跃. 自我研究：教师教育者专业发展的重要途径. 高等理科教育，2018(5)：33.
[②] 郑爽. 我国教师教育者开展自我研究的初步探索. 博士学位论文，首都师范大学，2011：32.

步完善自身专业素养的提升路径。第一，技术层面的"不荒废"。学前教育专业舞蹈教师因其专业特性，本身具有较强的舞蹈技术功底，但是相当一部分教师在进入工作岗位之后，尤其是面对专业水平不强的学前教育专业学生，不再强调自身的舞蹈基本功练习，业务能力逐渐荒废，对学生的教学也趋于"不上心"的状态，使得教学质量走向"下坡路"，甚为可惜。基于此，教师专业素养提升的先决条件就是自身专业技术的保持，北宋苏辙有言"欲筑室者，先治其基"，只有加强自身的专业能力，才能更好地创设高质量的舞蹈教学课堂。第二，文化知识的"多积累"。学前教育专业舞蹈教学不单单是技术层面的教学，而且是一个丰富且立体的知识体系，涉及舞蹈、音乐、美术等艺术层面，也涉及学前教育学、心理学以及社会学等多方面的知识，教师只有拥有广博的知识，才能够在教学中做到得心应手。因此，在不断学习本专业理论知识与专业技术的同时，还应该加强多学科的交叉融合，在日常的知识积累中，多加强自身文化储备，提高学识涵养。第三，学习活动的"多参与"。学前教育专业舞蹈教师应积极参加学校、学院组织的各类培训、讲座以及外出观摩、交流活动，只有"走出去"与"引进来"相结合，才能保证自己处于学科发展的最前沿，才能够将最适宜的教学形式、教学内容应用到课堂，为学生提供更好的教学服务，带来更直观的教学效益。在学习活动的参与过程中，自身的专业水平毋庸置疑得到提高，专业素养自然也得以提升。

第二节　学生舞蹈实用能力培养研究

一、概念界定

在日常生活与学习中，经常能听到"能力"一词，如"学习能力""动手能力""管理能力"等，通常能力被看作是完成一定活动的本领，是一种力量，也是掌握和运用知识技能所需要的个性心理特征，分为一般能力和特殊能力。一般能力是指参与绝大多数活动共同需要的能力，如个人的记忆能力、思维能力、观察能力等，特殊能力则指完成某项特定活动或任务所需要的能力，如音乐演奏能力、雕刻能力等，学前教育专业学生的舞蹈能力则是以特殊能力为基本表征，同时含有观察、学习、理解、思维等一般能力。

"实用"表示实际使用或实际应用，以使人或物发挥其功能。学前教育专业舞蹈教学中，学生舞蹈实用能力表示为大多数学前教育专业学生经过学习均可以掌握的舞蹈知识、技能，并有效应用到未来工作岗位，且可以胜任工作岗位要求的能力。

二、学前教育专业学生舞蹈实用能力维度认知

学前教育专业主要培养的是未来的幼儿园教师，师范特性明显，因此学前教育专业学生舞蹈实用能力必然要强调其作为幼儿教师所应具备的能力维度。主要表现在以下四个方面。

（一）身心素质能力维度

学前教育专业学生的身心素质能力的提升是应对未来职业岗位的先决条件。

身体素质层面。首先，健康的身体是一切工作的前提。学前教育专业学生应保持良好的生活作风，加强身体锻炼习惯的养成，确保身体可以适应今后教学岗位的需求。舞蹈的过程就是身体锻炼的过程，通过舞蹈课堂学习与课后自主练习，学生可以获得健康的体魄以及充沛的活力。其次，良好的体态是幼儿舞蹈教师的标识。学前教育专业学生通过舞蹈课科学、系统的形体训练之后，身体的直立感、挺拔感等均可以被外人直观地感受到，形成幼儿教师的第一直观印象。最后，舞蹈技能是工作的基本。舞蹈技能是学前教育专业学生必备的技能之一，也是幼教行业中使用频率较高的技能之一，通过芭蕾的训练，塑造规范的体态与美感；通过民族舞蹈的训练，增强身体的灵活与风格；通过现代舞的训练，开发身体的创造性与张弛度；通过古典舞的训练，体悟身体的呼吸性与韵味性，各类舞蹈训练从不同角度相互融合促进学生舞蹈技能的发展。

心理素质层面。首先，良好的心理素质成就合格的幼儿教师。作为学前教育专业学生，在从事幼教行业的这条路上，除了具备普通人的心理素质以外，还应该掌握心理学层面的内容，要有敏锐的观察力、出色的组织力以及

严格的自控力，同时还要保持乐观、平和的心态对待幼儿教学，只有在自我心理素质达到要求之后才可以全身心投入到学前教育这一伟大而光荣的事业中来。其次，"五心"涵养，成就卓越的幼儿教师。在学前教育专业舞蹈教学过程中，以教师为主导，以舞蹈教学为纽带，可以培养学生掌握以童心、爱心、耐心、细心、责任心为特色的幼儿园教师职业道德规范，浸润师德情怀，引导学生崇尚师德，使自己努力成为卓越的幼儿教师。最后，在汗水中成长。学前教育专业学生多数是以"空白"的姿态面对舞蹈，其经历的心理磨难要远远高于舞蹈专业学生或普通学生。正所谓"台上一分钟，台下十年功"，零基础学生学习舞蹈的过程是"痛苦"的，不仅仅是身体上的"痛"，还有心理上的"苦"，学生要克服困难，磨炼意志，以积极的心态、良好的精神面貌与不服输的精神去支撑憧憬舞蹈带来的美好，那么在汗水的浇灌下，舞蹈那株美丽的"花朵"终将会盛开。

（二）专业知识能力维度

学前教育专业学生专业知识能力是指他们从事幼儿园教学或幼儿舞蹈教育事业时应掌握的舞蹈方面的知识及其与舞蹈相关的知识。

首先，要具有舞蹈基本编演能力。为掌握舞蹈基本编演能力，应训练包含舞蹈基本功、芭蕾基训、中国古典舞、中国民族民间舞、幼儿舞蹈在内的各类舞蹈形式，同时加强幼儿舞蹈创编的训练。其次，要有应用舞蹈理论知识的能力。学前教育专业舞蹈的理论知识与编演能力同等重要，舞蹈的编演能力可以决定学生"能够飞多高"，理论知识结构很大程度上能够决定学生的教育之路"可以走多远"，舞蹈理论知识可以提升学生本身的文化素养、扩大知识广度、开阔学科视野，建构完整的、科学的契合学前教育职业工作的舞蹈理论知识应用体系尤为重要。最后，具有广博的知识储备。既要具备师范生所通用的教育观、教师观、政策法规、教师职业道德规范，又要具备教师基本的专业能力，如阅读理解能力、逻辑思维能力、信息技术应用能力，同时还要将幼儿保育与教育知识纳入自身的知识储备库内，将所有的知识储备融合到学前教育专业课堂教学中来，做"筛选、提炼、吸收、选择、接纳"等处理，以此保证学生能够在未来的幼教工作岗位上熟练地应用丰富的知识，促进幼儿健康、快乐的成长。

（三）教学能力维度

学前教育专业学生舞蹈实用能力中的教学能力维度表现在学前教育专业学生具有师范教学与舞蹈教学的双重属性，不仅要突出其"教书育人"的核心特质，还要重点关注舞蹈专业知识的获取与传授。因此，对于学前教育专业舞蹈教学能力维度的要求就是既要有过硬的舞蹈专业知识能力，又要有较强的教学水平与课堂组织管理等能力。

首先，教学能力是学前教育专业学生开展教学的保障。教学能力是教师职业实用能力的核心，对学前教育专业的学生来说，未来岗位的迫切需求是教学发生的直接目标，学前教育专业舞蹈课程的目标并不是让每位学生都能成为优秀的舞蹈演员，而是成为一名优秀幼儿教育工作者，兼具幼儿舞蹈教师的多重身份。因此，教师在组织学前教育专业舞蹈课程教学时要以人才培养目标为依据，鼓励并引导学生作为"施教者"走向讲台、走向幼儿园，注重学生"为师"的培养，把提升学前教育专业学生的教学能力作为课堂教学的重点。其次，课堂组织管理能力是学前教育专业学生开展教学的必要条件。学前教育专业学生的课堂组织与管理能力是在包含舞蹈课堂在内的所有课堂中耳濡目染形成的，教师的亲身示范能够为学生组织管理能力的培养作出很好的引导，同时学生在见习、实习中也可以在幼儿园真实的教学情境中学习课程组织与管理，使学生在面对尚未建立规范的课堂纪律认知的幼儿群体时，有信心去应对。最后，其他能力丰富了学前教育专业学生教学能力的维度。学前教育专业舞蹈课程与多学科交叉，教学内容丰富，可以提升学生综合能力。如舞蹈与戏剧的结合，可以提升学生的语言表达能力；舞蹈与多媒体融合，可以提升学生的信息技术应用能力；舞蹈与其他艺术的结合，可以提升学生的艺术鉴赏与美育能力。

（四）职业教育情怀维度

职业教育情怀是学前教育专业学生在进入幼师岗位之后能够对教学工作始终保持激情的动力，也为学前教育专业学生的努力方向指明了道路。幼师流失已成为当今社会学前教育行业的常态，工资低、编制缺、地位不高、事务繁多等都是幼师辞职的原因，如何通过学前教育专业舞蹈课程的实施最大化地"留住"幼师，并使其"扎根"教育事业呢？

首先，提升教育境界，确立教育信念。学前教育专业学生应明确作为幼师应树立忠诚教育事业的情怀，不断追求自我理想的建构，不断践行生命价值体验。教师在学前教育专业舞蹈课堂上应时刻引导学生将幼教事业与国家命运、民族大业、儿童前途相融合，使之产生矢志不渝的教育信仰。只有当本人具备坚定的教育信念，形成坚定的情感认同，才能产生笃定的职业教育情怀。其次，明确教书育人的职业属性。教学是一种显著的道德行动，通过教学的实践引领，幼师与幼儿建立良性的互动关系，并由此期盼幼儿的健康成长，可以产生有助于职业教育情怀生成的催化因素。最后，提升专业信心，强化专业情感。通过学前教育专业舞蹈课程学习，不断加强理论认知，提升专业技能，培植专业情怀。使教师情怀教育与教师专业发展相融合，综合素质与育人水准相向而生，进一步展示教师专业进步的育人功效，使学生明白"学高为师"的内在价值，从而坚定不移地投入到幼儿教育事业中来。

三、从身份的叠加与剥离层面探索学生的实用能力培养

学前教育专业学生作为个体或群体在不同的"场域"内"扮演"着多重角色，存在着多样的身份认同。从实用能力培养层面来看，学前教育专业是培养未来的幼儿园教师，学前教育专业舞蹈课属于广义的学生走向岗位的职前培训。笔者将学前教育专业学生的研究场域定位至幼儿园内，即假定他们已经毕业并成为幼师，在此基础上探寻多重身份叠加与剥离之后学生实用能力的培养途径，反向建构学前教育专业舞蹈实用能力培养体系。

幼师是幼儿学习活动的引导者、支持者与合作者，在幼儿教育活动中有着多种存在方式：当其面对幼儿群体进行舞蹈教学时，是作为教师的身份；当其进行舞蹈创作、排练时，是作为编创者的身份；当其进行思想教育或者关爱教育时，是作为父母或长辈的身份；当其进行感情沟通与交流时，又可以作为朋友或同伴的身份。

第三章 学前教育专业舞蹈教学主体素养建构研究

（一）作为教师的身份

"师者，传道受业解惑"①，学前教育作为教育的初级阶段十分重要，幼师为幼儿打开了知识的大门，幼儿教育的启蒙影响着其今后漫漫人生之路。幼儿舞蹈教育讲究"言传身授"，良好的示范对幼儿的舞蹈学习至关重要，为此，教师应注重自身专业素养的提升，着重加强幼儿舞蹈课程探索，以专业的舞蹈态度面对幼儿舞蹈的教学。同时，幼师要树立正确的幼儿舞蹈教学观念，对于较大部分幼儿群体来说，学习舞蹈是一项促进个体个性发展的手段，因此，教师在舞蹈教学过程中不必过分强调舞蹈技巧与舞蹈特长，而应该在舞蹈带给幼儿的快乐以及在幼儿身心和谐发展的作用上进行强化。

（二）作为创编者的身份

作为创编者，通过学前教育专业舞蹈课程体系中的幼儿舞蹈创编课程的学习，已基本掌握了创编的规律与方法，但是在实际应用中，幼师要针对幼儿阶段的天性与适应性进行合理编排，始终遵循"幼儿化""童趣""健康向上"等主题，发挥儿童的想象力与创作力，根据幼儿的生理与心理等因素设计他们力所能及的动作。幼师在作为舞蹈创编者时要学会把生活化的动作进行艺术化的提炼，将儿童喜欢的事物用肢体的语言进行设计编排，杜绝"闭门造车"现象的发生，减少照搬视频资料的情形。不管是作为教师还是创编者都应把握一切可以提升自己能力的机会，多多地拓宽自己学习的渠道。

（三）作为父母的身份

幼师的教学对象较为特殊，是第一次暂时离开父母并学习独立的幼儿群体，该群体在课堂教学时往往注意力不集中、好奇好动、闹情绪、发脾气，因此幼师除了是老师以外，还得扮演"父母"的角色。这一身份对于有较多经验的幼师来说很容易应对，但是刚刚毕业的大学生幼师面对这些局面就会显得措手不及。对于这部分年轻幼师来说要不断学习相关的理论知识，将教

---

① 韩愈. 韩昌黎文集注释（上）[M]. 西安：三秦出版社，2004：62.

育学、心理学、卫生学等方面的知识与实践相结合，以便能够更好地根据幼儿身心发展特点进行教学。

（四）作为朋友的身份

幼儿的天性是"玩"，是从学习中寻找乐趣，这一乐趣只有同龄的伙伴才能理解。因此幼师要主动俯下身来，站在儿童的立场去了解这一年龄阶段幼儿的真实需求，并把自己视为幼儿的朋友，与他们一起游戏、玩耍，在舞蹈课堂上创设舞蹈游戏化场景，吸引幼儿的注意力，提升幼儿学习的积极性，在情感交流中达到教育目的。

为促使学前教育专业学生舞蹈实用能力的养成，学生假定的身份应时时转换，在不同的场景扮演特定的角色。在日常的幼儿教育过程中，幼师既要作为教师又要作为编导，而面对幼儿在学习舞蹈时出现的情绪化表现与理解偏差时又要增加父母的身份进行教导，以朋友角色对其理解与同情。幼师身份互为叠加与剥离的探寻反向助推学前教育专业舞蹈教学模式的改革。在学前教育专业舞蹈教学过程中，教师要有意识地创设实用的舞蹈教学方式，开发丰富的舞蹈教学资源，搭建创新的舞蹈教学场景，为学生在不同的教学岗位中进行灵活的身份转化提供先期引导，并以舞蹈实用技能的提升促进其身份的认同。

第三节 男幼师从边缘走向中心

男幼师，即男性幼儿园教师，广泛意义上的男幼师是对学前教育专业男学生以及幼儿园男教师的统称。男幼师的出现弥补了幼师队伍中迫在眉睫的男女比例不均衡与课程结构失调等问题，在行为、认知、语言与情感等方面促进幼儿的全面健康发展。舞蹈是学前教育专业技能必修课，也是幼师在未来职业生涯中使用频率较高的技能之一，发展适合男生的舞蹈课程显得尤为重要。

一、"边缘人"概念——学前教育专业男生舞蹈课堂困惑

罗伯特·帕克（Robert Parker）在 1928 年提出了"边缘人"概念，他认为"边缘人"是文化对抗中产生的一种新的人格类型①，教育领域内的"边缘人"可以理解为"在日常课堂教学情境中偏离教学价值观，易于被教师和同伴排斥或遗忘，或因自身原因（心理、性格、身体状况等）拒绝参与教学、主动游离到教学活动边缘的学生个体或群体"②。男幼师在传统学前教育专业舞蹈课堂中，往往会出现许多令人啼笑皆非的情形，如站在队伍最后排"歪歪扭扭"地胡乱"比划"动作，与女生整齐划一的动作产生强烈的对比；"孤独"地站在或坐在教室的角落，不愿意去参与到舞蹈课堂中来；逃课、旷课现象较严重。长此以往，男幼师在舞蹈课堂上极易被老师和同学忽视，远离舞蹈课堂中心，成为游离到舞蹈课堂边缘甚至课堂之外的"边缘人"。

二、"边缘人"行为类型与负面影响

通过长期的舞蹈课堂教学观察与思考，男生在学前教育专业舞蹈课堂上的"边缘人"呈现着不同的类型，也产生了不良的影响。

（一）"边缘人"行为类型

根据"边缘人"的形成因素分析，男生在学前教育专业舞蹈教学进程中呈现出两种行为类型：自因性边缘人与他因性边缘人③。

1. 自因性边缘人

自因性边缘人是男生在舞蹈课堂上自愿成为的一种具有主动性的边缘行为，一般由自身内向型性格导致。

一方面，多数男生在舞蹈课堂表现为学习不积极，并不是因为不热爱，

---

① Park Robert Ezra. Human migration and the marginal man[M]. The American Journal of Sociology, 1928(5).
② 亓玉慧，王飞，张莉. 课堂教学"边缘人"现象价值审视及应对. 中国教育学刊，2015(9).
③ 王钦. "期待融合"视域下学前教育专业舞蹈课男生"边缘人"行为研究. 陕西学前师范学院学报，2019(12)：87-91.

而是由其性格决定自身无法过分"热爱"舞蹈，他们主观性地认为男生的舞台应该在绿茵场与篮球场，舞蹈并不适合男性，自己更不应该与女生同处一个舞蹈课堂去学习本就不适合男性的舞蹈，当然，这也与部分舞蹈教学内容设计没有关注男性需求有关，男生学习女生柔美的舞蹈确实有违"因材施教"的针对性训练提法。男生在舞蹈课上怕被同学耻笑，使之"内向"且无法展现自我，导致自我边缘化。

另一方面，男生表现为自因性边缘人行为的原因是受制于自身能力、态度与习惯的养成而产生自我与群体"绝缘"。在身心发展层面来看，男生的软开度、协调性等舞蹈基础方面远弱于女生，先天性的体质因素也使他们在舞蹈练习时的困难度是女生的数倍。同时，舞蹈是作为一门融情感、审美、鉴赏为一体的综合性艺术形式，男女之间在情感宣泄与思想表达层面的差距较大，女性更容易去表达，以至于同样一个舞蹈学习任务，男生要花费更多的时间去领悟、理解、揣摩，在身心发展层面来看，就容易导致其出现畏难情绪，主动拒绝舞蹈学习，以至于游离到舞蹈教学活动边缘，从而边缘化。

2. 他因性边缘人

他因性边缘人的重点在于"他因"，区别于因自身性格、能力、先天因素导致的与群体暂时"绝缘"的类型人群，表现为受到外界因素的客观"干扰"而产生边缘行为的人群。他因性边缘人本身性格与能力不具有局限性，可以主动、积极地参与到舞蹈课堂教学中，但是往往会因为外部环境与因素的影响，使得自身被忽视，形成并非主观自愿的"边缘人"。当然，面对该"边缘人"群体，如果从管理者的角度进行"干预"，从教师层面进行"引导"，从男生自身认知层面进行"调整"将会消解"边缘人"的行为，使之重新回归到正常的舞蹈课堂教学中来。

影响男生成为他因性边缘人的因素包含任课教师的主导偏差因素、课程设置的不合理的存在因素、群体氛围迁移因素等。第一，教师的偏差主导方式极大地催生了男生的边缘人行为。学前教育专业舞蹈课任课教师中女性教师要远多于男性教师，在面对仅占班级人数不到十分之一的男生群体时自然地把教学重心放在女生身上，对男生的课堂表现不去强调与规范。第二，学前教育专业舞蹈课程设置上，所授舞蹈内容绝大部分按照女班教材进行，儿童舞蹈的编排与表演也是以女性幼儿为对象,男生在课堂上的角色可有可无,想要主动参与到舞蹈课堂上的激情逐渐磨掉,积极性大打折扣。第三,传统学前教育专业舞蹈课堂教学中关于男生的忽视存在已久,而社会层面对男幼师的"质疑"也从未停歇,"男保姆""男阿姨"等带有性别指向色彩的词汇应用到自身,难免使自我产生消极情绪,在整体氛围影响下,不管是积极的男生抑或封闭的男生,在此种境地下就会因无法改变的外界现状而由"他因"变成"自觉"地将自己"边缘化"。

(二)"边缘人"的负面影响

男生在学前教育专业舞蹈课堂中呈现的边缘人行为从本质来看是对专业教学成果的消极释放,长期以往对男生自身的人格发展,对学前教育专业学科建设以及学前教育行业生态都有着负面的影响。

1. 人格发展影响

学前教育专业舞蹈课堂上呈现的男生"边缘人"行为,导致男生群体无法获得较好的学习体验,自身与教师、同学之间的互动关系缺失或减弱,使男生个人存在感变低,很大层面上影响了男生个体的身心健康发展。

2. 教学效果影响

男生的"边缘人"行为使得他们无法正常参与或者不参与学前教育专业舞蹈课堂教学,获取舞蹈知识与技能的渠道被隔断,在此情形下,如果舞蹈教师没有及时地调整教学方案,放任此种情形的发生,男生的知识转化将微乎其微。同时男生在学前教育专业舞蹈课堂的游离或"缺位"不仅是对自我价值的否定也影响了集体的成果,导致舞蹈教学效果的整体弱化。

3. 教育生态影响

男生的"边缘人"行为隐形于学前教育专业舞蹈课堂,明显有悖于教育教学的公平原则,男生的边缘化状态使得课程设置与教育制度实施缺失了男性群体这一接收对象,无法保证专业学科建设与教学活动中的行为规范顺利地进行。同时,男生的"边缘人"行为对整个学前教育行业生态都有着严重影响,"边缘人"行为使男生舞蹈技能缺失,其他与之相关的技能与知识储备受"边缘人"行为影响也被同时弱化,对今后的职业发展极为不利,我们经常倡导的"消除男幼师的社会偏见""提升男幼师的社会地位""为男幼师'正名'"等口号在"边缘人"这一行为的负面影响下变的无力。

三、"边缘人"的回归

学前教育专业舞蹈课中男生"边缘人"行为的出现是教育不公平、教学成果不理想的外部体现,应及时采取措施改善已出现男生"边缘化"行为的课堂,并采取应对措施进行"边缘人"行为的预防。从接受美学角度来看,学前教育专业舞蹈教学活动可以拆解为三个主体环节,即施与方(教师)—施与物(资源分配、评价机制)—接收者(受教育者),男生"边缘人"存在于接收者环节层面,并与另外两个主体环节互为作用。[①]

因此,在学前教育专业舞蹈课堂上架构教师、学生与教学客体"三位一体"的教学模式,通过教师的主导性干预,学生的主体性内省以及教学资源的科学分配与评价机制的完善等措施可以实现课堂主体间的融合与课程的重构,最大化地消解男幼师"边缘人"的行为,完成男生向课堂中心的回归。

(一)教师的主导干预

教师在教学活动中以示范者、引导者的多重身份存在,在男生"边缘人"行为形成的过程中有着不可忽视的影响与不可推卸的责任,因此,完成男生从边缘走向中心的转换,首先要从教师的主动干预着手。

1. 转换教学方式

第一,采用分组教学法。教师可以将男生单独分为一个小组,或者将男生安排在与之关系较好的女生组内,在教师完成统一舞蹈教学之后,以分组的形式进行针对性练习。这种教学方式既可以提升舞蹈学习的效率,又能增加学生之间的交流与团队协作能力,教师在学生分组练习过程中及时提供教学服务,给每个人均等的机会进行舞蹈学习和示范表演,男生在分组内不再觉得自己是"多余的",而是尽力地融入小组内,并尝试发挥自

[①] 王钦. "期待融合"视域下学前教育专业舞蹈课男生"边缘人"行为研究. 陕西学前师范学院学报, 2019(12):87-91.

己的作用，只有具备了角色的归属感，才可以淡化"边缘人"意识。第二，采用分层教学法。教师在条件允许的情况下，需了解、关心每个学生的个体发展水平与身心接受度，从而进行分层次、分阶段教学，针对舞蹈基础弱于女生的男生，更要强调"因材施教"，引导男生主动参与到舞蹈课堂上，发挥其优势，补足其劣势，如注重男生体能素质的发挥，把力量训练作为特色，而不过分追求软开度的训练，消解男生的抗拒心理。教师对不同层次的学生采用针对性的训练，使参与者普遍获得舞蹈学习成就感，促使男幼师够积极融入舞蹈课程中，缩短其与"中心"的距离。

2. 转换教学思维

学前教育专业舞蹈教师教学思维的转换决定了其对待舞蹈教学的态度，也决定了其能否通过自身干预转换男幼师"边缘人"的行为。

第一，时刻保持反思。学前教育专业舞蹈课堂上，学生良好学习行为的塑造离不开教师的教学引导，教师应时刻自省自己的教学行为是否合理与规范，时刻反思自己的教学风格是否适宜全体学生尤其是处于"边缘"的男幼师。经过反思，教师应在学前教育专业舞蹈课堂上对男幼师的舞蹈兴趣、舞蹈效能进行充分的调查与研究，从而进行情感的支持，使男幼师群体获取正确的舞蹈观，促使男幼师与正常课堂界线的淡化。第二，树立正确价值观。作为学前教育专业舞蹈教师，应树立正确的价值观，始终保有教育公平的理念，对待男幼师要做到一视同仁，关注全体学生，尊重全体学生的受教育权利。学前教育专业舞蹈教学是一项育人的伟大工程，面对独特、多样而又有个性的学生，教师要在鼓励中施教，在引导中干预，面对差异化的学生，用正确的教育理念去阻止"边缘人"的产生。

(二) 学生主体内省

学前教育专业舞蹈教学中学生的主体内省是从自身出发，通过自在力量的催化，进行"边缘人"行为产生原因的反思与重建，使之自觉走向回归。

1. 主体角色认知

学前教育专业男幼师出现"边缘人"行为时，其对自己的身份认知变得模糊，不再产生清晰的专业认同与职业认同，此时如何寻求主体角色的转变，最重要的一点是激发学生的主体性角色认识。传统的学前教育专业舞蹈课堂上，教师的主导地位掩盖了学生的主体地位，学前教育专业学生尤其是男幼师的自主意识无法得以展现，成为被动接受舞蹈知识的客体存在，男幼师"边缘化"的状态，早已失去了在舞蹈课堂的表达欲望，甚至连被动接受都是不情愿的。因此，逐步确立学前教育专业舞蹈课堂上学生的主体地位，并保证男幼师获得同等地位，才能够激发学生的主体意识，明确自己受教育者的权利，产生清晰的身份认同。

2. 责任意识建立

男幼师"边缘人"行为的产生是该群体缺失了话语权的"失语"表现，学前教育专业舞蹈课堂上要给男幼师"发声"的权利，真正倾听他们的课堂诉求，增强他们的责任感，从而转变该群体经常性处于"边缘"地位的局面，使之愿意也敢于追求获得舞蹈技能的权利，在责任感的建立过程中，逐渐淡化应对舞蹈课的消极态度。

3. 身心素质养成

男幼师应明确产生"边缘人"行为的深层原因，并清晰认知到自己主体内省的动力机制，在自我反思与自我批判的意识建立过程中，从自我身心素质的养成因素中探寻转变之法。一方面，认知到男生与女生的生理与身体差异，明确男幼师在舞蹈技能方面的天然弱点，加强对身体的再塑造，在软开度与协调性方面加强训练，以"勤能补拙"的态度，最大限度地弥补知识落差。另一方面，保持自信、乐观的心态去应对舞蹈学习，继续坚持"不怕苦""不怕累"的舞蹈训练态度，从自身做起，带动同学融入舞蹈教学课堂，同时积极参加舞蹈类的比赛、演出等活动，以大方的姿态勇于展示自己，逐步提升舞蹈学习的成就感，在身心素质全面发展的进程中，走出"边缘人"的困境。

（三）共同期待重构

教师的主导干预与学生的主体内省都是以"人"为对象的"边缘人"的回归重构，除了"人为"的操作以外，师生双方可以在"一段时间内"相对"非人为"的客观存在的环境影响下进行舞蹈教学的共同期待，包含教学资源分配与行业生态评价等，全方位地促进男幼师"边缘人"回归。

1. 合理分配教学资源，促进学生全面发展

将课堂教学资源合理地分配给每位学生，是教学公平的体现，也是确保学生都能平等、全面发展的前提。当前，学前教育专业舞蹈教学资源匮乏与不均衡仍是多数地区都存在的现状，在此前提下，学前教育专业舞蹈课不得不采用大班制、男女混班制教学模式，有限的资源面对超限的学生数，使得教师无法保障每位学生都能获得同等的资源，男幼师在教学资源分配不均情况下更易处于"边缘"局面。实施多种班级划分制度，合理地分配资源可以在一定程度上缓解这一现象。

首先，规划"小班制"教学模式。舞蹈教师根据学生的学习水平与接受程度，在原有大班制的基础上分批次、分阶段地进行小班或小组教学，减少因大班制导致人员无法全部得到兼顾的弊端，将教学资源分布给每一名学生，最大化地促进教学资源的合理分配，减少"边缘人"情况的发生。

其次，尝试男女分班制。在学前教育专业舞蹈课堂教学中，尝试将男女分班可以在一定程度上区分男女生舞蹈的风格特色，改变因性别不同、体质差异、舞蹈动作分类、舞蹈风格多样等因素造成男生在学习舞蹈动作时呈现抗拒情绪和在舞蹈课堂上无所适从的局面。根据男女心理与生理特点安排舞蹈训练计划，有效地组织教学，使男生真正地接受舞蹈，愿意跳舞，并通过舞蹈技能的掌握明确自己的专业属性与职业方向。

2. 建立协同评价机制，转化"边缘人"现象

协同评价机制的建立是基于男幼师呈现的"边缘人"问题导向，通过"学校+幼儿园"的校企合作评价与反馈，建立学前教育行业生态评价机制，以此转化男幼师"边缘人"的现象。

首先，在学校层面进行心理建设与课程反馈的评价机制。学校作为管理者应与任课教师联动，主动关注学前教育专业舞蹈课上男生的心理状态，在"边缘人"行为出现前兆时及时干预，帮助其形成正确的学前教育专业舞蹈观，积极调整心态，保障学生的身心健康发展。同时，制定科学、规范的男幼师舞蹈培养方案，定期反馈，及时评估，使男幼师明确舞蹈课程的教育规范与人才培养目标，并引导其自觉遵守。

其次，通过幼儿园的教学实践，获取幼师行业评价反馈。男幼师在幼儿园见习、实习的过程中，可以认识到幼儿园对男幼师的迫切需求，并通过学校主动与幼儿园建立校企合作机制。通过实习导师、产业导师、幼儿园专家的倾心指导，明确舞蹈技能在幼儿园实践教学中的重要作用，从而在舞蹈课程学习中建立专业自信、职业认知，涵育幼教情怀。

男幼师"边缘人"的行为展示了当前男幼师在学前教育专业舞蹈课堂中的弱势地位与不可恒定的教学效果，呈现出舞蹈课堂教与学的困惑，对舞蹈课堂秩序、学生人格发展、学科建设与行业生态都产生着负面的影响。针对男幼师在舞蹈课堂的"边缘人"特点，建立教师主导干预、学生主体内省、资源合理分配与评价机制的多维视野，能够最大限度地消解男幼师的"边缘人"行为，以此促使男幼师正常融入学前教育专业舞蹈课堂教学情境，"以点带面"地进入其他课程的学习，对自我身份准确定位，对专业产生认同，最终成长为学前教育事业的中坚力量。

第四章　学前教育专业舞蹈课程资源开发

第一节　课程资源开发基础认知

一、相关概念辨析

明确学前教育专业舞蹈课程内容的内涵，厘清学前教育专业舞蹈课程资源的边界是开展学前教育专业舞蹈课程资源开发的先决条件。

（一）舞蹈课程内容

舞蹈课程内容是学前教育专业舞蹈教学的主体部分，是依据本专业舞蹈课程目标的要求从一系列直接经验或间接经验中"精挑细选"、加工处理，从而为课程教学服务的知识与经验体系之和。广义来看，学前教育专业舞蹈课程内容既有舞蹈理论性知识，也包含了方法、观念、规范在内的技能性知识与情感性成分。狭义来看，学前教育专业舞蹈课程内容只是教师与学生之间互动的知识本身，即课堂上教师的"教什么"与学生"学什么"的聚合体。本书既从宏观层面探索广义的课程内容全貌，也从微观层面观照课程内容的内里。

（二）舞蹈课程资源

学前教育专业舞蹈课程资源可以看作是学前教育专业舞蹈课程内容的丰富与拓展，是学前教育专业舞蹈课程内容要素的重要来源，没有学前教育专业舞蹈课程资源就没有该专业的舞蹈课程内容。虽然二者在本质上都是学前教育专业舞蹈的直接或间接经验，包含舞蹈知识、技能与情感，但是却又存在差异性。正如"资源"一词在古今释义所表达的一样，资源是开展某种活动所必要的凭借、依托或条件，也是事物的来源与根由，资源既可以是动物、植物、河流等自然资源，也可以是图书、道具、设备等材料资源，还可以是节气、艺术、文化等人文资源。课程资源比课程内容更加丰富，课程内容是课程资源的组成部分。

（三）舞蹈课程资源开发

"开发"一词可以看作是以某种资源为对象进行相应的操作或劳动，从而达到利用的目的。学前教育专业舞蹈课程资源的开发则是以学前教育专业舞蹈课程资源为对象进行开发，从而确保舞蹈课堂教学的顺利开展，并较好地实现教学目标。

学前教育专业舞蹈课程资源的开发是根据课程开设的需要将学前教育专业舞蹈课程资源转化为课程教学内容的过程。这一过程既包括从无到有的开创性生产，又包含了对原有资源的适应性改造与创新性发展。舞蹈课程资源的开发一方面指教学参与者随着对舞蹈教学研究的不断深入，发现了新的舞蹈课程资源形态，这一新的资源形态是以前从未出现过或者容易被人忽视的事物，随着认识的逐渐深入，才被纳入课程资源中来；另一方面，舞蹈课程资源的开发是指对已经存在的诸多课程资源进行重新的组合、排列、转化或优化，使之在舞蹈教学过程中产生更大的教学价值，提升教学效果。舞蹈课程资源的开发是没有终点的持续性过程，教学活动的参与者应该始终保持一种资源开发的意识，在舞蹈课程资源的开发性层面进行教学活动的改革，使教学活动处于鲜活的运行状态。

二、学前教育专业舞蹈课程内容分类

学前教育专业舞蹈课程内容中涉及众多舞蹈种类与科目，为了便于研究的归纳与教学的应用，本书暂且将其依照相关类型进行划分。一般来说，依据参照标准不同，划分的类型也将不同。

（一）按照教学目标进行分类

前文已述，学前教育专业舞蹈实践教学目标共有三层，即精神目标、应用目标与素质目标，而教学内容以教学目标为参照，其内容类型则重点对照学生精神层面涵育、实践技能应用与综合素质培养三个层面，使之融价值性、必要性与可行性为一体，注重职业道德、儿童意识、教育情怀与基础认知、专业技能、岗位适应以及身体素质与心理素质层面的资源体系构建。因此可以分为以精神涵育为主的舞蹈课程内容、以实践应用为主的舞蹈课程内容、以素质培养为主的舞蹈课程内容三个类型。

（二）按照实际需求进行分类

在学前教育专业舞蹈教学中，以职业适应为导向，以岗位需求为起点，以培养学前教育专业综合性、应用型人才为基点，可以将课程内容分为四类：舞蹈基础内容、舞蹈提升内容、舞蹈创编内容、舞蹈竞赛内容。舞蹈基础内容是学前教育专业学生进入舞蹈课堂之初学习的舞蹈知识与技能，即舞蹈基本功训练，包含身体软开度训练、身体协调性训练、身体素质训练、体态训练、方位训练等，在此期间掌握的舞蹈专业知识与能力为后期更高层次的舞蹈学习奠定坚实基础。舞蹈提升内容是在舞蹈基础内容之上对舞蹈教学内容进行的拓展与丰富，既有民族民间舞蹈、古典舞蹈等风格各异的舞蹈种类，又包含儿童舞蹈等突出学前教育专业特色的舞蹈内容。舞蹈创编内容是在舞蹈基础内容与舞蹈提升内容之后开展的较为重要的舞蹈教学内容，以儿童舞蹈创编为主，教师引导学生以儿童意识贯穿全过程，从儿童立场出发进行儿童舞蹈的创编，包含自娱性儿童舞蹈、表演性儿童舞蹈等。舞蹈竞赛内容则是在以学前教育专业所涉及的各级各类竞赛中产生，例如师范生技能大赛中的"即兴儿童舞蹈创编"项目、职业院校技能大赛中的"歌表演"项目，以及国家级或省级"大学生艺术展演舞蹈比赛"等。

（三）按照舞蹈科目进行分类

依据高等院校学前教育专业人才培养的顶层设计，舞蹈课程内容可以分为舞蹈理论内容、舞蹈技能内容与舞蹈应用（实践）内容三类。舞蹈理论内容是学前教育专业舞蹈课程计划中以传授学生理论知识为主的内容，包含舞蹈基础文化知识、舞蹈历史与发展、舞蹈审美等，舞蹈理论教学内容构成了学前教育专业舞蹈教学的基本事实，是开展教学的逻辑起点。舞蹈技能内容是学前教育专业舞蹈课程计划中开展相关促进身体发展、掌握舞蹈技能、具备操作能力的教学内容，包含舞蹈表演训练、舞蹈教育训练、舞蹈创编训练等内容。舞蹈应用（实践）内容是学前教育专业舞蹈课程计划中以培养学生应用能力为主的教学内容，学生在真实或虚拟的工作情境中脱离教室环境进行自我实践能力的培养与锻造，包含舞蹈实习、舞蹈演出、舞蹈比赛等。

（四）按照其他形式进行分类

学前教育专业舞蹈课程内容还可以有多种分类方式，如依据舞蹈风格的不同可以划分为芭蕾舞教学、中国古典舞教学、民族民间舞教学以及儿童舞蹈教学等；依据舞蹈表现样式及体裁进行分类，可以分为独舞教学、双人舞教学、群舞教学、集体舞教学等；针对学前教育专业而进行的儿童舞蹈教学还可以继续细分为自娱性儿童舞蹈与表演性儿童舞蹈，包含儿童律动教学、儿童音乐游戏教学、儿童音乐即兴教学、儿童歌舞表演教学、儿童小歌舞剧教学等。

三、学前教育专业舞蹈课程资源开发的意义

学前教育专业舞蹈课程资源的开发具有重要的意义，主要体现在对教师的教学、学生的学习以及课程自身的发展等方面。

（一）课程资源开发对教师教学的意义

1. 提升舞蹈教师的教学智慧

所谓"智慧"通常被解释为"辨析判断、发明创造的能力"[①] 或"对事物能认识、辨析、判断、处理和发明创造的能力"。然而教师的教学智慧却不

---

① 中国社会科学院语言研究所词典编辑室. 现代汉语词典. 北京：商务印书馆，1996：1625.

第四章　学前教育专业舞蹈课程资源开发

能等同于教学能力，而是将教学能力作为主观必备条件之一成为教学智慧的一部分，教学智慧是教学能力与实践情景的双向整合。即教学智慧是教师在日常鲜活的教学场景中，对教学的事态进行感知和判断，辨别出教学事态中的教育合理性，并能够随时随地地采取行动，让教学事态沿着某种具有合理性的、预期的方向发展。①

学前教育专业舞蹈课程资源的开发有助于提升舞蹈教师的教学智慧，使之能够通过丰富的教学想象力、敏锐的教学洞察力以及果敢的教学执行力将自身的教学经验、理论修养及教学德行进行综合展现。② 一方面，舞蹈教师通过课程资源的开发生成教学经验并建立理论修养，在对课程资源的分析与利用之上，串联课程内容与师生主体间的紧密关系，使之在预设的充满稳定性的教学过程中进行理性的权衡与抉择，从而尝试多种可能性的方式与手段，进行资源的整合、筛选与优化。另一方面，舞蹈教师通过课程资源的开发涵养教学德行，在非预设的充满不确定性的舞蹈课堂上不断地生成应变意识，进行合理规划，有序组织教学，为舞蹈课堂增添灵活性与生命性。

2. 增强舞蹈教师的教学效能

我们再次将教学的概念进行一个梳理，所谓教学"乃是教师教、学生学的统一活动"③；"教学就是指教的人指导学的人进行学习的活动"④；"教学是以课程内容为中介的师生双方教和学的共同活动"⑤。可以看出教学活动其实质就是作为主导的教师和作为主体的学生以一定的互动方式在课程内容之间进行的教育活动。教育活动的效果在此可以看作是教师在其教学实践中发挥与释放其能力的程度，即教学效能。教学效能的发挥效果既与教师自身能力有关也与教学活动中的多要素的影响有关，只有在各种要素达到最佳融合的状态时教学效能才能达到最大值，即教师与学生在课程资源的有效开发中建立一种能动、现实的互为作用状态，并强化自身主体性。

---

① 程广庆，宋乃文. 论教学智慧[J]. 教育研究，2006(9)：30-36.
② 杨晓奇. 教学资源及其优化问题研究. 博士学位论文，南京师范大学，2014：90.
③ 王策三. 教学论稿(第二版). 北京：人民教育出版社，1985：88.
④ 李秉德. 教学论. 北京：人民教育出版社，1991：2.
⑤ 顾明远. 教育大辞典. 上海：上海教育出版社，1990：178.

一方面，学前教育专业舞蹈内容资源的开发使教师形成充分的资源利用意识，借助自身教学经验，将基础教学文本资源——即预设性资源（如教材、大纲等）内化为自身的教学解释，并形成自我教学价值观，在日常教学情境中，对学生施以相应的教学活动，使学生能够将教师的"一言一行"转化为自身宝贵的品质。另一方面，学前教育专业舞蹈内容资源的开发，使教师面对多种"延展性"资源介入（即教师、学生与课程资源的三者作用过程不断出现的"突发"资源形态，也是教学真实状态呈现）能够合理应对，保持良好的教学状态，优化资源组合，不断利用"延展性"资源的教学时机，提升教学能力，增加教学效能。

3. 凸显舞蹈教师的教学个性

在很大程度上，教学是一种个性化的活动，同样的学生、同样的教材，不同的教师，会有差异悬殊的教学效果，这是人所共知的事实。[1] 在此基础上，教学个性对于教学本身而言是一种追求卓越内在品质的体现，是教师的教学行为呈现创新、超越与自由的卓然状态，教学个性对于教师而言则是教师教学智慧的不断提升，教学手段的不断更新，课堂驾驭的游刃有余，是对教学之道的至深追求。

学前教育专业舞蹈课程资源的开发是舞蹈教师个性生成的关键。一方面，开发各种舞蹈课程资源的过程是塑造教师个性灵魂的过程，是教师自主性专业成长的过程，在此过程中，教师将建立自我认同，建构"我为人师"的意识，并将认同感融入舞蹈教学中，从而完成自身对学科认知、教学把控、师生关系处理的感知。另一方面，具有教学个性的舞蹈教师在舞蹈教学过程中，能够将自己的"个性"特质融入到主动开发舞蹈课程资源上来，曾经预设性的稳定课程资源成为教学活动的基础，而自身的"个性"所引发并呈现的"教学个性"将在此基础之上得以施展，并融汇多种"延展性"资源，多维度地打造舞蹈课堂教学情境，为学生的学习创设充满灵性且有生命力的课堂氛围。

---

[1] 李德林. 教学个性阐释. 青岛大学师范学院学报，2012(4)：11-16.

4. 觉醒舞蹈教师的资源开发意识

舞蹈教师的资源开发意识是指舞蹈教师在学前教育专业舞蹈教学体系中对于促进和改善教学效果的课程资源的开发应保持一种特有的敏感性和自觉性，既能认识到基础教学文本资源的显性影响程度，又能充分发挥自我教学个性深入挖掘"延展性"资源，同时在教学中融合并利用各种舞蹈课程资源，使教学效能发挥到最大值。

一方面，学前教育专业舞蹈课程资源的开发使教师摆脱教材作为唯一课程资源的错误思想，使之意识到教材是舞蹈课程资源之一，但不是唯一。舞蹈教师应有意识地获取有益于舞蹈教学活动的各种资源，在教材不断更新迭代中，辅以互联网、多媒体等新形态资源媒介，使教材"活起来"，真正做到课程资源的最大化利用。另一方面，舞蹈教师应充分捕获日常舞蹈教学课堂中随时产生的"延展性"资源，并将自身与学生也视为重要的课程资源开发对象，以学生为主体，充分考虑学生的学习习惯、经验、基础及思维差异等，建立生动有趣的课堂环境，着力提升教学品质，唤醒自我资源开发意识，并激励学生自主学习、发展，形成有质量的舞蹈课堂。

(二) 课程资源开发对学生学习的意义

1. 学习方式的多重选择，发挥学生主体性学习地位

学前教育专业舞蹈课程资源的开发有利于拓宽舞蹈课程资源的丰富程度，直接作用于学生对于学习方式的选择空间。在不同的发展目标引导下，学生不再单纯地运用传统"口传身授"式教学方式，而是根据自己的兴趣爱好、学习水平、接受程度进行学习方式的选择。例如，舞蹈课程理论层面内容的开发，促使学生选用符号性的接受性学习方式或以逻辑思维为主的学习方式；舞蹈课程审美层面内容的开发，促使学生选用感悟式体验学习方式；舞蹈课程技能层面内容的开发，促使学生选择"做中学""学中做"的学习方式。

学前教育专业舞蹈课程资源的开发一方面改变了以教师、教材为中心的传统教学误区，强调学生在舞蹈课堂的主动参与。另一方面，极大地激发了学生的主体意识，使学生从课堂走向课外，选择多种适宜的教学内容、教学

媒介，充分发挥主观能动性，养成探索、创新的学习习惯，在舞蹈教学中促进自我个性的发展。

2. 有助于丰富学生的思维方式

通常来看，个人思维方式极大地决定了人们注视世界和处理问题的态度及方法，而课堂教学则在一定程度上影响了学生思维方式的层级，使之建构了自我描述、把握、理解世界的概念框架。

学前教育专业舞蹈课程资源开发对于丰富学生思维方式的意义在于学生通过舞蹈课堂这一教学活动自我唤醒或被动引导下发现问题、解决问题，形成问题意识的思维过程。一方面，舞蹈教师在课程资源开发过程中将其生活经验、教学智慧及情感观念等融入课堂教学，学生对此进行全盘接收或部分融入，建构独属于自己的知识体系结构与个性品质，丰富个体思维方式。另一方面，教师利用舞蹈课程资源的开发，在原有预设性的稳定性课堂结构内与学生进行交流、对话，主动创设充满不确定性的课程资源开发空间，在与学生的沟通中引导学生展示自我、欣赏自我，激励学生在自我表达中建构新的知识结构，进一步优化和塑造个体思维方式。

3. 有助于学生综合能力提升

学前教育专业舞蹈课程资源开发是师生共同建构知识的过程，是师生双方的经验与智慧逐步提升过程。而课堂教学情境则是融入了师生双方教学情感并以师生互通的现实境遇为基础的双向学习环境。

学生是舞蹈课程资源开发的重要力量，也是直接接受群体。舞蹈课程资源开发的过程是学生不断建构知识与经验的过程，是不断产生新认识与新冲突的过程，也是丰富学习视野，完成深度学习的过程。在舞蹈课程内容开发过程中，学生能够主动地发现问题、认真地解决问题，提升自身的学习能力、创造能力、表达能力、探索能力、运用能力等综合能力。在此意义上，学前教育专业舞蹈课程资源的开发既促进了学生自身综合素质全面发展，也为建立一种终身学习的学习观奠定了基础。

第二节 课程资源开发的原则与方法

一、学前教育专业舞蹈课程资源开发原则

(一) 儿童化原则

学前教育专业舞蹈课程资源开发的儿童化原则正是基于学前教育专业舞蹈课程体系建立的，应秉持从儿童立场出发这一基本理念。儿童化，一方面是指学前教育专业学生与授课教师在"学与教"的过程中注重"儿童情境"的带入，营造适宜儿童的舞蹈学习氛围，有成人的"儿童化介入"意味。另一方面是指儿童化落位于课程内在资源的开发上，"教育的目的不是为了获取某种固定的技能和知识，而是为了更高的目的——'儿童的生长'"[1]，这就要求我们在学前教育专业舞蹈课程资源的开发上要以"尊重儿童""理解问题"为起点，以创设、选择、编排、整合适宜儿童发展的舞蹈课程内容为首要任务，通过师生与课堂情境的共同作用为学前教育专业学生提前进入幼儿舞蹈教师职业角色提供先决条件。

(二) 科学性原则

学前教育专业舞蹈课程资源开发的科学性原则是指应以科学的教育思想为指导，以实事求是为依据，所开发出来的学前教育专业舞蹈课程内容必须符合专业本质与发展规律，同时兼具训练性与安全性原则。具体来说，就是开发的舞蹈课程资源一要有合理性，不能"为了开发而开发""为了创新而创新"，应遵循客观的运动发展规律；二要有训练意义，对于学生的舞蹈技能提升与综合素质发展起着积极的促进作用；三要保证舞蹈课程进行的安全性，动作内容的设计要在安全第一的前提下开展。

---

[1] 张斌贤，周梦圆. 儿童中心学校的兴起与美国教育变革. 全球教育展望，2018(10)：116-128.

（三）针对性原则

学前教育专业舞蹈课程资源开发的针对性原则主要是从教师、学生以及课程教学体系三个层面出发，借助课程资源拓展师生的教学潜能与学习潜能，以师生共同建构知识体系和培育教学品质为旨归，以"三位一体"的课程目标为导向进行有针对性的开发。首先，课程资源的开发要针对舞蹈教师的"个性"与"教学个性"，如每位舞蹈教师的教学经验、从业经历、教学智慧与师德品质等，如此开发出来的课程资源才会在教师手上得以最大化利用。其次，课程资源的开发要依据学生的身心发展规律、兴趣爱好、舞蹈技能水平等，设计普适性、特色鲜明的舞蹈课程资源，使每位学生都能够享受到舞蹈课程资源开发的"红利"。最后，课程资源开发的最终目的是促进学前教育专业舞蹈课程教学体系的建构，其开发原则自然也是针对如何准确、有效地达成教学体系的建构目标来开展。

（四）互补性原则

学前教育专业舞蹈课程资源开发的互补性原则是指在课程资源开发中不能单一地选用一种内容资源而忽视、排斥其他资源品类。"多多益善"与"面面俱到"的资源开发在此均不恰当，而优势内容资源的"互补"却是恰到好处。

从人与教学资源的关系来看，传统意义上的教材、课件等称之为"非生命载体"[1]的课程资源，即物质性教学资源，为课程教学提供了必要的条件。然而在学前教育专业舞蹈教学中，只是一味地运用"非生命载体"的课程资源是远远不够的，运用"生命载体"的课程资源——师生教学过程中所展示的生命活力与教学能动性，即人本教学资源——进行补充可以使师生的互动和谐灵动，课堂氛围浓厚有趣。在"生命载体"的人本教学资源与"非生命载体"的物质性教学资源进行相互的补充、协调配合中，教学质量自然趋好。

---

[1] 杨晓奇. 教学资源及其优化问题研究. 博士学位论文，南京师范大学，2014：143.

（五）以人为本原则

学前教育专业舞蹈课程资源开发的以人为本原则是指在课程内在资源的开发与配置上要始终围绕"以人为本"的原则展开。"以人为本"指人们处理和解决问题时抱着以人为根本的态度、方式、方法，而所谓"根本"就是最后的根据或最高的出发点与最后的落脚点。①

学前教育专业舞蹈课程资源开发中的以人为本原则，是把学生的全面发展作为资源配置与开发的落脚点与最终归宿。在以人为本为原则的内容资源开发中，要做到观照每一位学生，释放学生的自主性与能动性，正所谓"一切为了学生，为了一切学生，为了学生的一切"，在对以人为本理念的深刻认知下，真正使学前教育专业舞蹈课程资源的开发无限接近于教育的本质。

二、学前教育专业舞蹈课程资源开发方法

学前教育专业舞蹈课程资源的开发是教学活动参与者在一定的指导原则下，采用适宜的方法完成的，既包含从无到有的生产过程，也融入了对原有资源的改造与拓展，筛选与整合等过程。教学主体应明确并非所有的资源可以适用于学前教育专业舞蹈课程内容的开发，应该依据学前教育专业舞蹈课程标准的要求，围绕学前教育专业舞蹈教学目标的完成，以适宜的方式进行资源的开发和整体优化。学前教育专业舞蹈课程资源开发的方式包含以下几种。

（一）改造法

学前教育专业舞蹈课程资源开发中的改造法是指针对教学过程中的教师经验、学生基础与教学环境等条件的不均衡而对原有课程资源的构成要素进行合理化、适宜性改造的方法。长期以来，学前教育专业舞蹈课程内容没有形成自己特有的内容资源系统，大多是依照专业院校舞蹈专业课程教学内容进行的"全盘照搬"或"部分仿照"，既满足不了学前教育专业学生的实际

---

① 黄楠森.论"以人为本"的思想渊源和科学内涵.伦理学研究，2011(3)：11-14.

需求，又造成原有课程资源的极大浪费。例如，专业院校开设有芭蕾舞、中国古典舞、民族民间舞、现代舞、舞蹈创编等课程，而在各课程中又包含了丰富的课程教学内容，如果原样"嫁接"到学前教育专业中来，必然无法在有限的教学课时内完成全过程的教学计划，达不到高质量的教学效果，因此，进行课程资源改造是必要的。

首先，依据学生的身心发展与知识基础进行改造。学前教育专业学生普遍是舞蹈"零基础"，其舞蹈技能不及专业院校舞蹈专业学生，在舞蹈课程资源的改造中要切实依据学前教育专业学生的实际情况进行改造，把专业内容向普及化、通识化、简易化方向进行改造，同时又不违背舞蹈课程特有的学科规律。其次，依据本校教学环境的客观条件进行改造。在地区发展差异化的前提下，各院校舞蹈教室、舞蹈器材、舞蹈道具等配备情况不同，应基于现有的教学条件进行改造。最后，依据教师经验进行改造。学前教育专业舞蹈教师在教学过程中逐渐形成了自己的教学风格，积累了丰富的教学经验，在课堂上依据学生的学习进程进行"自由"的课程资源转化是教师的合格标准。当然，除了以上几种改造方法，也可以依据就业岗位需求进行改造、依据时代发展需求进行改造等。

（二）筛选法

学前教育专业舞蹈课程资源开发的筛选法是指内容资源开发主体从繁杂的舞蹈课程资源中选取适合学前教育专业舞蹈课程内容的方法。现实教学情境中，教师的资源储备与学生的资源获取呈现"不对称"的现象，精准选取适合学生发展、满足教学目标的课程资源是真实课堂教学的迫切需求，也是学前教育专业舞蹈课程教学体系建立的必由之路。

通常来讲，学前教育专业舞蹈课程资源的筛选过程包含两个方面。第一，通过教师的教学智慧进行筛选。但凡合格的学前教育专业舞蹈教师，在教学之路上一定会建立起支撑其教学活动的教学经验与智慧，可以看作是"教师在日常教学生活中，在教育教学理论的熏染下形成的对于教学活动的根本看法和观点，常常表现出一定的稳定性和一贯性，是教学信念与观念的融合与体现"①，繁杂的舞蹈课程资源要进入真实的舞蹈课堂就要经过教师对该资源的理解与认知，经过教师对该资源的价值评判，即经过教师教学智慧的筛选，实现舞蹈课程资源的优化选择。第二，通过学生立场的筛选。教育的最终目的应是为了学生的发展，教学活动的出发点是学生，教师的"教"是为了学生更好的"学"。基于学前教育专业学生的个体差异与发展预期进行课程资源的筛选与建构，符合教学活动的基本规律。经过学生立场的筛选，课程资源将更加利于学生学习兴趣的提升，利于学生学习活动的开展，也将直接促进教学目标的完成。

（三）转化法

学前教育专业舞蹈课程资源开发的转化法是指舞蹈教学主体主动性地创设条件，使舞蹈课程资源向着利于舞蹈教学的方向发展的过程。繁杂的舞蹈课程资源犹如一座待开发的金矿，能否变成黄金流通（转化），还需要矿工（教学主体）的辛勤开采和冶炼。因此我们可以将舞蹈课程资源的转化看成是对资源的再度加工，以期变成实质性的课堂内容资源的过程。

普遍情况下，所有的"生命载体"资源与"非生命载体"资源均可成为课程资源转化的对象。在真实的学前教育专业课程资源转化情境中，基于转化主体的教学水平、经验、智慧、个性与阅历等因素，使得课程资源的转化呈现"百花齐放"的局面，同时受限于转化对象的客观存在差异，课程资源的转化程度也不尽相同。因此在学前教育专业舞蹈课堂中，课程资源转化过程既要考虑在时空界域内，用有限的课时完成既定的目标，又要考虑对舞蹈教学时机的准确把握与教学组织的合理调整，尤其需要舞蹈教师利用已有经验与创新思维，结合教学实际促进课程资源的有效转化。

（四）整合法

学前教育专业舞蹈课程资源转化的整合法是指在舞蹈课程资源普遍缺少的前提下，为了达到课程资源的最大化利用，将学前教育专业舞蹈课程相关

---

① 杨晓奇. 教学资源及其优化问题研究[D]. 南京：南京师范大学，2014：172.

内容资源的某些要素进行分类与整理、挖掘与合并、转移与重组，促使相互之间产生联系、融合与渗透，形成合理的资源利用结构，以达到资源的最佳配置，使之成为学前教育专业舞蹈课程新的资源的方法。

整合法是学前教育专业舞蹈课程资源开发的基础路径，也是必要路径，在单一的课程资源无法满足日常教学需要时，进行资源的整合开发可以发挥各要素间的最大效能，产生直观的教学效益。整合法的范围广泛，方式多样，狭义的整合法是立足于学前教育专业的舞蹈课堂教学系统内，统筹各类资源，包含对课堂内外的课程资源的吸收与优化，如幼儿舞蹈创编中的教学内容与师范生技能大赛中关于"即兴舞蹈创编"的内容进行整合。广义的整合法把课程资源的开发扩大到更大的范围内，既是本校不同教师间的课程资源共享，又是本地区不同学校间课程资源的交流，抑或是更大区域内相关内容资源的整合。

总之，在学前教育专业舞蹈教学实践中，四种方法的使用往往不是独立的，而是多种方式的同时运用或交叉运用，资源开发主体要依据课程标准的要求，围绕教学目标的达成灵活利用，最终为教学服务。

第三节 学前教育专业舞蹈教材资源建设

一、教材概念

"教材"一词是一个较为宽泛的概念。《辞海》中对"教材"的解释为："根据课程标准编造的供教学用和要求学生掌握的基本材料，有文字教材与视听教材等"[①]。《中国大百科全书·教育卷》将"教材"分为广义与狭义两类概念，广义教材指"教师指导学生学习的一切材料，它包括教科书、讲义、讲授提纲、参考书刊、辅导资料以及教学辅助材料（如图表、教学影片、唱片、录音、录像磁带等），教科书、讲义和讲授提纲是教材整体中的主体部分"；狭义教材指"根据一定学科任务，选编和组织具有一定范围和深度的知

---

① 夏征农，陈至立. 辞海[M]. 上海：上海辞书出版社，2009(09)：1100.

识技能体系，一般以教科书的形式来具体反映"。国内学者在对教材的研究中提出了多种观点，学者曾天山认为"教材"指"教学过程中教师用来协助学生学习达到教学目标的各种知识信息材料"①。学者刘继和将教材分为四个层次：第一，作为素材的教材，泛指教师用来指导学生学习的一切材料及手段；第二，作为教学材料的教材，指教师和学生在教学活动中使用的一切具有特定的教育价值的教学材料或工具；第三，作为教科书的教材，仅指在教学活动中为师生共同使用的教科书（或课本）；第四，作为学科核心知识的教材，指作为学生直接的学习对象蕴藏着丰富教育价值和文化价值的事实、现象或过程②。曹海明等人认为"教材即课程，教材文本资源是确定教学内容的主要依据"③。

在本研究视域内，教材作为一种以教科书及附属文本资料的形式呈现的资源集合，与课程内容及课程资源表现出一种极其紧密的从属关系，课程内容的确定需要依据教材的指引，即依据教材资源确定课程内容，从而明确"教什么"与"学什么"的问题。学前教育专业舞蹈教材是以文本及多种材料的整体结合构成学前教育专业舞蹈教学内容的载体，向教学参与主体展示"教"与"学"的构思、设计与创造的外部形态。教材是教之源、学之本，离开了教材的教学内容如空中楼阁"悬浮"在教学体系内，必然经不住时间与实践的检验。

二、学前教育专业舞蹈教材现状述评

（一）学前教育专业舞蹈教材统计

当前学前教育专业舞蹈类教材集中在舞蹈基础训练与幼儿舞蹈创编两个方面，舞蹈教材的编写也多从这两个方面入手。笔者在国家新闻出版署·国家版本数据中心网站以"舞蹈""学前教育"为主题搜索词进行检索（截至2022年12月），共搜索出177条教材信息；以"舞蹈基础""学前教育"为

---

① 曾天山. 教材论. 南昌：江西教育出版社，1997：8.
② 刘继和. "教材"概念的解析及其重建. 全球教育展望，2005(2)：47.
③ 曹明海，赵宏亮. 教材文本资源与教学内容的确定. 语文建设，2008(10)：4-6.

主题搜索词为进行检索，共搜索出 382 条教材信息；以"幼儿舞蹈创编"为主题搜索词进行检索，共搜索出 208 条教材信息；以"儿童舞蹈创编"为主题搜索词进行检索，共搜索出 41 条教材信息。可以看出，当前学前教育专业舞蹈类教材的数量庞大、类型繁多，同时从侧面反映出我国高校学前教育专业并没有统一规划的教材，各地区、高校、都在自主选择教材。

在数量如此之多的同类教材中，笔者无法逐一进行翻阅，仅列举部分教材进行对比。(见表 4-1、4-2)

表 4-1 部分学前教育专业舞蹈教材（舞蹈基础类）

书目名称	作者	出版年份	出版单位	教材类型（封面标识）
舞蹈基础	李天芳，吴萍萍，张黎静	2018	湖南师范大学出版社	全国师范院校"十三五"系列规划教材
幼儿教师舞蹈基础	吴珺，史红菌	2014	上海交通大学出版社	普通高等学校高职高专学前教育专业"十二五"规划教材
实用舞蹈作业教程	谢琼	2012	复旦大学出版社	全国学前教育专业（新课程标准）"十二五"规划教材
舞蹈（第二版）	王丽娟	2013	科学出版社	高等教育"十二五"规划教材·学前教育专业系列教材
舞蹈基础与幼儿舞蹈	邹琳玲，许乐乐	2019	高等教育出版社	"十二五"职业教育国家规划教材修订版
舞蹈基础	李丰意，吴祝昕，陈晶茹	2020	电子科技大学出版社	高等院校学前教育专业精品系列丛书
舞蹈	张 xx	2015	清华大学出版社	高等院校学前教育专业系列教材、学前教育职业岗位培训系列教材
舞蹈基础（第二版）	陈 xx	2012	复旦大学出版社	全国学前教育专业（新课程标准）"十二五"规划教材

续表

书目名称	作者	出版年份	出版单位	教材类型（封面标识）
舞蹈（第三版）	王xx，张xx	2019	高等教育出版社	"十二五"职业教育国家规划教材修订版

表 4-2　部分学前教育专业舞蹈教材（幼儿舞蹈创编类）

书目名称	作者	出版年份	出版单位	教材类型（封面标识）
舞蹈与幼儿舞蹈创编	涂远娜，邹萱萱	2015	人民邮电出版社	师范院校"十三五"规划教材
幼儿舞蹈欣赏与创编	李哲，白国芬	2015	清华大学出版社	高等院校学前教育专业系列教材、学前教育职业岗位培训系列教材
舞蹈基础与幼儿舞蹈创编	任红军	2015	华东师范大学出版社	高职高专学前教育专业系列教材
舞蹈与幼儿舞蹈创编	牛敏，张翔，罗宇婷	2016	湖南师范大学出版社	师范院校"十三五"规划教材
幼儿舞蹈创作实用教程	张春河	2017	复旦大学出版社	全国学前教育专业（新课程标准）"十三五"规划教材
幼儿舞蹈创编（第二版）	蔡艳	2020	高等教育出版社	"十二五"职业教育国家规划教材修订版
幼儿舞蹈创编	王欤，张天敬，穆田恬	2020	首都师范大学出版社	高等院校学前教育专业精品系列、"互联网+"新形态一体化精品教材

（二）学前教育专业舞蹈教材存在的问题

1. 教材与课程目标的匹配问题

通过对以上教材的对比分析来看，由于教材种类的繁杂，各院校、教师的选用教材不同，导致学前教育专业学生舞蹈技能的培养及知识结构的生成呈现不均衡现象，使得学生综合技能水平与职业素养参差不齐。教材是人才培养的重要资源，内涵式发展的建设内容，在推动高等教育走内涵式发展道路的过程中，教材诠释、支撑着人才培养的理念、模式、方法和手段。①

基于教材的对比分析，综合笔者与同行、学生的交流，发现当前学前教育专业舞蹈教材出现与教学情境"脱节"的问题，部分教材中提供的教学方法与教学内容缺少创新性与延展性，对现实的教学情境帮助不大，抑或教材中提供丰富的教学内容，但是面对学前教育专业学生有限的课时现状时，学生无法对教材内容进行深入学习。教材与课程目标之间的非适宜性问题，导致教材虽然客观存在于师生手中，但是仍然无法更好地满足教与学的真实需求。

2. 教材与儿童立场的融合问题

学前教育专业舞蹈类教材的建设应把握两个主题词："学前教育""舞蹈"。这两个主题词是学前教育专业舞蹈类教材建设的出发点，是学前教育与艺术的融合体现，"舞蹈"是核心，"学前教育"是关键，二者缺一不可。

通过对大多数教材的内容梳理，可以看出学前教育专业舞蹈类教材的编写依然是仿照专业类院校中舞蹈专业教材进行的"改编"，教材内容一味地追求专业，缺少对学前教育专业学生的特殊学情的把握，没有将"专业"的舞蹈艺术与"专业"的学前教育舞蹈进行合理的平衡，更没有站在儿童的立场去考虑通过这样的教材培养的幼师能否适应幼儿园的真实教学环境。

3. 教材与岗位的适应问题

为贯彻落实习近平总书记关于职业教育工作和教材工作的重要指示批示精神，2021年12月，教育部办公厅印发《"十四五"职业教育规划教材建设实施方案》，其中明确要求"加快建设学前、托育、护理、康养、家政等领域专业课程教材"，将学前教育专业教材建设与职业教育进行有效的衔接，要求教材突出"适用性"。

学前教育专业舞蹈类教材存在明显的岗位适应性不足问题，教材的职业

---

① 李辉. 高等教育内涵式发展视界下的教材建设路径——基于美国大学教育教学改革的思考. 高教探索，2014(6)：128-131.

教育体系尚未建成，虽然大多数教材中涉及理论知识与实践操作的描述，但是理论与实践的脱节现象依然存在，同时鲜有涉及"理论+实践+应用"的编写内容。所谓的"看中学""学中做""学练一体"等成为空谈。教材内容与适应岗位的人才培养之间产生了一个"空白区间"，当然教材并不是万能的，依靠舞蹈教师的教学经验与教学智慧完全可以将"空白区间"缩短，甚至填补这个"空白"，但是如果教材本身就能够做到对"空白区间"的最大化消解，必然对教学效果、职业素养与岗位胜任力是一个极大的提升。

4. 教材与时代发展需求的问题

2018年，教育部办公厅印发《教育课程教材改革与质量标准工作专项资金管理办法》，明确提出建立专项资金用于"教材体系向教学体系转化研究"以及"开展数字教材等新形态教材的研发、试点和推广"等。从国家层面提出对教材建设与现代飞速发展的信息技术进行融合的要求与期望。"新形态教材"是指传统纸质教材与数字化资源进行融合的新型教材，建设反映和适应新时代发展变革创新需要的新形态教材是人才培养、行业发展、职业需要的必要条件。

通过对学前教育专业舞蹈类教材的分析，发现大部分仍然属于传统纸质教材，以文字描述和图片展示为主，少部分教材通过附带光盘的形式将舞蹈展示刻录其中，近几年的教材中少量出现了以"二维码"附图的形式建立网络"云资源"空间的教材，可以说是学前教育专业舞蹈类新形态教材的尝试，但是距离真正的融互联网、人工智能、虚拟现实等信息技术为一体的新形态教材还有很长的距离。学前教育专业舞蹈类新形态教材建设对教材编写者的技术应用能力、视频拍摄剪辑能力，以及教材编写者或教材制作团队的"云资源""云平台"等信息化资源建设能力、信息化技术应用能力等均是一个考验，建设之路任重而道远。

三、教材建设策略研究

（一）围绕指导思想，突出教材建设理念

2019年12月，教育部印发《职业院校教材管理办法》，指出职业院校教材与普通高等院校教材的规划"必须体现党和国家意志。坚持马克思主义指导地位，体现马克思主义中国化要求，……全面贯彻党的教育方针，落实立德树人根本任务，……引导学生坚定道路自信、理论自信、制度自信、文化自信，成为担当中华民族复兴大任的时代新人"。而关于职业院校教材建设专门提出"教材规划要坚持正确导向，面向需求、各有侧重、有机衔接，处理好落实共性要求与促进特色发展的关系，适应新时代技术技能人才培养的新要求"。2021年12月，教育部办公厅印发《"十四五"职业教育规划教材建设实施方案》要求"十四五"职业教育规划教材建设"要深入贯彻落实习近平总书记关于职业教育工作和教材工作的重要指示批示精神，全面贯彻党的教育方针，落实立德树人根本任务，强化教材建设国家事权突显职业教育类型特色"。"教材编写应遵循教材建设规律和职业教育教学规律、技术技能人才成长规律，紧扣产业升级和数字化改造，满足技术技能人才需求变化，依据职业教育国家教学标准体系，对接职业标准和岗位（群）能力要求"。

学前教育专业舞蹈教材既具有普通高等院校师范类教材的属性，又包含职业教育的特色，因此在教材建设时要将两个指导思想融会贯通，渗透到教材内涵建设中来，将学前教育专业特色的教育理念融入其中，如"儿童立场""以人为本"等教育理念，应贯穿教材编写始终，同时注重把"师德规范""教育情怀""保教能力""综合育人"等专业要求浸润到教材编写中来。

（二）依照人才培养目标，确定教材建设方向

人才培养目标是学前教育专业舞蹈教材建设的方向和依据，一本合格的教材要先明晰适用专业的人才培养目标，才能做好框架搭建、内容编撰、案例设计等工作，并以此作为落实人才培养目标的重要抓手与直接载体，解决"怎样培养人""培养什么人"以及"为谁培养人"的关键问题。

一方面，教材编写要结合学前教育专业舞蹈教学实际，以学生的专业学情分析，如身心发展规律、学识结构、舞蹈基础、技能综合水平及技能发展水平等为参照标准，结合学生学情分析与专业学科结构之间的紧密关系，建立有逻辑性、科学性的教材知识结构。当学前教育专业舞蹈教材与学生学情以及教师通过教材延伸出来的教学内容形成三位一体的紧密关系后，才能形

成以教材建设为根本的学前教育专业舞蹈教学体系，形成有意义的"教"与"学"的双向交融，从而发挥教材的作用，提高学前教育专业人才培养的成效。

另一方面，学前教育专业舞蹈类教材建设要考虑幼教行业对学前教育专业人才的需求，以及舞蹈技能对今后工作的促进作用，从而在教材建设中既注重师范性，以师德修养、教育情怀为根本，加强理论与实践的有效结合，又要注重职业性，以教学应用、企业指导为手段，保证教学与岗位的紧密衔接。

（三）明晰专业课程标准，规划教材内容建设

教材与课程存在着紧密的关系，"教材是课程标准的具体化，是课程的物化构成部分"[1]，教材的内容建设反映了对课程标准深入研究的结果。针对学前教育专业舞蹈课程的专业特色与职业特性，其课程标准是指根据课程教学目标，依据国家相关行业的从业资格标准，以培养学生职业能力与综合素养为重点，为教和学提供详细指导而编写的指导性文件[2]。

通常来说，一门课程的设计与实施首先应从课程标准入手，从而对本课程的课程定位、课程目标、课程内容、课程考核与评价等方面进行编制与组合，教材作为前期课程设计的物化参照与后期课程实施的必备工具，在建设时必然要以课程标准为抓手。当前学前教育专业舞蹈课程尚未形成统一的课程标准，这是学前教育专业舞蹈教学体系建设亟待解决的问题，国家层面已经就学前教育专业出台了多部相关政策，如《幼儿园教师专业标准（试行）》《教师教育课程标准（试行）》《学前教育专业认证标准》，其中有关于幼师职业标准的规范意见、开发优质课程资源的意见、对学前教育专业课程与教学的指导性意见，因此通过国家层面的政策落实，应快速建立并明晰学前教育专业舞蹈课程标准，以此搭建课程知识结构与实施方案，确保教材建设以课程标准为参照，在此基础上，进一步对学前教育

---

[1] 卜正学. 课程与教材关系浅析. 求实，2008（A2）：274-275.
[2] 王淑文. 高职课程标准的内涵、构架及实施研究. 教育与职业，2014（3）：126-127.

专业舞蹈课程的定位、目标与内容进行细化，使之保障学生能力培养与教材知识体系的统一。

（四）提升教师素养，确保教材编写质量

教师是教学活动中不可缺少的组成因素，是教学行为中"谁来教"的主导者与"教什么"的决策者，对于教材的编写与使用，教师也是直接的落地者与执行者，可以说，教师参与到教学活动与教材编写活动的各个过程中，担负着极为重要的任务与使命。2019年12月，教育部印发《职业院校教材管理办法》和《普通高等学校教材管理办法》，特别指出教材编写者（教师）首先要"政治立场坚定，拥护中国共产党的领导，认同中国特色社会主义，坚定'四个自信'，自觉践行社会主义核心价值观，具有正确的世界观、人生观、价值观，坚持正确的国家观、民族观、历史观、文化观、宗教观，没有违背党的理论和路线方针政策的言行。"其次，普通高等院校教材编写要求教师"学术功底扎实，学术水平高，学风严谨"，职业院校教材编写要求教师"熟悉职业教育教学规律和学生身心发展特点，对本学科专业有比较深入的研究，熟悉行业企业发展与用人要求，有丰富的教学、教科研或企业工作经验。"最后，教材编写者应"遵纪守法，有良好的思想品德、社会形象和师德师风。"

一方面，学前教育专业舞蹈教材编写教师应坚持正确的学术思想与政治导向，把自身素养的不断提升作为教材编写的基本条件，编写出符合国家意志、体现民族内涵、展示文化自信的教材，同时注重师德师风建设，坚持职业操守、践行道德规范、涵养教育情怀，这既是教材编写的底线，也是教材编写的灵魂。另一方面，学前教育专业舞蹈教材编写教师要提升专业技能水平与文字撰写功底，既要掌握本专业的专业基础知识，又要对相关、相近学科做到兼收并蓄，博采众长，只有提高自身专业水准才有可能将其"跃然于纸上"，同时学前教育专业舞蹈教师要提升自己的文字功底，表现在学前教育专业舞蹈教师多为艺术类院校毕业，技能水平远大于文化水平，其文字功底相对弱于普通学科教师，无法将其丰富的教学经验、教学智慧与教学方法和专业技能形成流畅、清晰的文字表述，因此只有提高学前教育专业舞蹈教师的文字书写水平，对于教材的编写才能起到"地基"式作用，做到"下笔如有神"。

(五) 紧握时代脉搏，开发新形态教材

当代社会，教材建设工作发生了极大的变化，教材品类已从单一的文本式纸质教材逐渐走向更为丰富的教材体系，结构更为优化，质量更为提升。2018年，教育部发布《教育课程教材改革与质量标准工作专项资金管理办法》，提出"开展数字教材等新形态教材的研发、试点和推广"。2019年12月，教育部印发的《职业院校教材管理办法》中提出了"倡导开发活页式、工作手册式新形态教材"，将新形态教材带入人们的视野。随着时代的进步，信息技术革命为人们的学习、生活等各个方面带来了极大的便利，其与教育的融合也在进一步扩大，因此除了政策层面提出的"活页式教材""手册式教材"以外，教育与信息技术融合形成的"立体化教材"也在逐步发展。

学前教育专业舞蹈教材建设应该紧握时代脉搏，紧跟时代脚步，赶上新形态教材这班快速发展的"列车"，尤其是在"立体化教材"建设中，更应该发挥学前教育专业舞蹈课程的特色，以其特有的"示范性""表演性""实践性""应用性"为一体，以纸质教材建设为基础，依托现代教育技术，伴随着互联网的发展，将"多媒介、多形态、多用途与多层次的教学资源和多种教学服务为内容的结构性配套"[①]进行组织、排列、整合。呈现出类似于"传统纸质教材"+"二维码插图链接"的立体化展现形式，一方面，扩大了纸质教材的功能，使学生能够通过更多的方式来使用教材；另一方面，丰富了纸质教材的内容，超越了传统纸张的空间承载量，以"线上+线下"的联结，充实内容资源，激活了纸质教材静态的"文字+图片"形式，随时通过"云平台"资源激发使用者的感知能力，提升学习者兴趣，最大化地提升教材利用度。

[①] 孙京新，褚庆环，李鹏. 在精品课程建设中建立立体化教材. 现代远距离教育，2007(1)：28-30.

第五章　学前教育专业舞蹈教学评价完善

第一节　教学评价基础认知

一、评价相关概念辨析

（一）评价

评价（evaluate）意为对某事或某人进行判断、分析后得出结论，从英文词义来看，"evaluate"源于"value"（价值），可见评价与价值具有紧密的关系，评价"泛指衡量、判断人物或事物的价值"[1]，评价是人类在一切有目的的活动中普遍存在的行为。一般来说，评价的过程包含事实评价与价值评价，两种过程均以事实为依据，作为完整的评价活动，既要根据评价目标进行定性与定量方面的资料收集，从而进行"量"与"质"的分析研判，同时还要在对评价对象进行多方面的资料收集与分析的基础上，对评价对象的价值进行评判。

（二）教育评价

教育评价，是指"在系统、科学、全面地搜集、整理、处理和分析教育信息的基础上，对教育的价值作出判断的过程，旨在促进教育改革，提高教育质量"[2]。关于教育评价存在着多方面的认知：第一，信息层面，强调通过

---

[1] 余林. 课堂教学评价. 北京：人民教育出版社，2007：6.
[2] 顾明远. 中国教育大百科全书. 上海：上海教育出版社，2012.

评价来收集可利用的信息，为教育的决策服务；第二，方法层面，强调评价是考核、考查或调查的方法；第三，效果层面，强调通过评价判断教育的目标是否达成，教育的计划是否实现，以此确定教育的效果；第四，价值层面，强调教育评价的关键是价值的判断；第五，过程层面，强调评价是信息的收集、决策的依据、效果的判断、教育的优化以及价值的判断等过程。① 通常来看，当前对教育评价的认知集中在对受教育对象即学生群体的发展变化与相关构成因素的价值分析与价值判断。

（三）教学评价

教学评价，是"教"与"学"的重要组成部分，是教学必须面对的课题。关于教学评价的概念观点较多，有学者认为教学评价是"系统地、逐步地定量或定性描述学生学习过程与结果，并以此评判是否实现了预期教育目标"②；也有学者认为教学评价是"教师将在课堂上收集到的信息，经选择、组织与解释后，对学生做出决定或价值判断的过程"③；同样，还有其他学者认为教学评价"是对教师教学效率、学生学习成效和课程设计与实施等三个方面进行评判的过程"④。可以看出，教学评价是教学过程中改善教师教学，促进教师发展，推进学生学习，促进学生成长以及提高教学质量的重要手段，是与教学相关要素进行测量与评价的总称。主要包含关于学生学业成绩、身心发展的评价，关于教师教学质量、职业素养的评价，也包含对整个教学体系内其他要素的评价。

二、学前教育专业舞蹈教学评价的类型与内容

学前教育专业舞蹈教学评价指的就是对学前教育专业舞蹈教学活动效果进行的评判。评价者依据学前教育专业舞蹈教学目标、评判标准对教学活动

---

① 余林. 课堂教学评价. 北京：人民教育出版社，2007：6.
② 日本筑波大学教育学研究会. 现代教育学基础. 钟启泉译. 上海：上海教育出版，2003：409.
③ Peter W. Airasian, assessment in the classroom. (Mc Graw Hill Higher Education 1995. 10)
④ 简茂发. 多元化评量之理念与方法. 现代教育论坛（七）. 台北：台湾师范大学，见 http：//www. doc88. com/p-7724388006403. html.

及教学活动的相关构成要素作出合理的判断，被评价的教师依据客观的评价结果及时地对教学方案、教学计划等作出相应的调整；被评价的学生依据客观的评价结果及时地进行学习态度、学习方式等的调整。可以有效地激发教师的教学活力，教学效果与教学质量。

（一）学前教育专业舞蹈教学评价的类型

根据不同的分类标准与方法，学前教育专业舞蹈教学评价可以分成不同的类型。

1. 按照评价的对象和范围进行分类

依据评价的对象与范围的不同，可以将学前教育专业舞蹈教学评价分为宏观评价、中观评价与微观评价。

（1）宏观评价

宏观评价是对学前教育专业舞蹈教育全领域内关于宏观决策层面的评价，包含高校学前教育专业艺术领域或舞蹈学科领域中舞蹈教育制度、教育管理等方面的评价，也包含对某一个相当规模地区的学前教育专业舞蹈教育现象的评价。这类评价着眼于整体性、全局性、高层次评价。

（2）中观评价

中观评价是以学前教育专业所在学校（学院）为对象，对学校（学院）内部关于学前教育专业舞蹈教学工作进行的评价，包含学校（学院）学前教育专业舞蹈学科的教学条件、教学质量、师资队伍、教科研水平及课程思政建设等。

（3）微观评价

微观评价是对学前教育专业舞蹈教学过程中具体的现象进行的评价，包含对学生专业学习水平、思想品德认知水平、身心发展状况等方面的评价，也包含对教师个人职业素质在内的其他人或物的评价。

2. 按照评价的方法进行分类

依据评价的具体方法，可以将学前教育专业舞蹈教学评价分为定量评价与定性评价。

（1）定量评价

定量评价，重点在"量"，即从"量"的角度来收集、分析和处理关于学前教育专业舞蹈教学过程中的数据和资料，从而对评价对象作出定量结论的价值判断与评价。定量评价强调以教育"测量"为基础，通常以舞蹈技能完成度的评分方式进行，评价有一定的客观、标准、精确特征。

（2）定性评价

定性评价，重点在"性"，即从"质"的方面来评价学前教育专业舞蹈教学的效果。定性评价与定量评价的区别较大，主要是根据评价者对评价对象平常的表现、状态的观察与分析，直接进行的价值判断，带有较强的主观性与经验性。如学前教育专业舞蹈教师通过对某学生日常舞蹈课堂的表现给出的平时成绩，就属于定性评价的一种。

定量评价与定性评价各有优缺点，在学前教育专业舞蹈教学评价运用过程中应适当选择，综合选用，以期获得较为科学、合理、有效的评价结果。

3. 按照评价的时间、功能进行分类

依据评价发生时间和评价功能的不同，可以将学前教育专业舞蹈教学评价分为诊断性评价、形成性评价和终结性评价。

（1）诊断性评价

诊断性评价先于学前教育专业舞蹈教学活动。诊断性评价是为了使舞蹈教学活动或教学计划更加有效地实施，从而对评价对象的舞蹈学习态度、舞蹈学习兴趣、舞蹈基础知识、舞蹈身心发展情况以及舞蹈认知水平进行的摸底性、预测性测试，诊断性评价在学前教育专业舞蹈教学过程中具有极强的针对性，在"搜集信息—摸清问题—分析问题—解决问题"过程中促进评价者对评价对象的进一步了解，从而更好地开展教学活动。

（2）形成性评价

形成性评价建立在学前教育专业舞蹈教学活动进程中。形成性评价是为了获得更好的舞蹈教学质量，在教学活动中对教学计划、教学方案执行情况进行不断的评价。形成性评价的目的是为了使教学执行者能够及时了解教学动态与教学效果，并能及时地从反馈的信息中获取有用的资料，进行舞蹈课堂的动态调整，使学前教育专业舞蹈教学计划、方案不断充实与完善。

(3) 终结性评价

终结性评价发生于学前教育专业舞蹈教学活动完成或某一阶段的暂时告一段落后。终结性评价是对学前教育专业舞蹈教学活动的总结和评价,重视教师教的效果与学生学的成果,目的是使评价者在学前教育专业舞蹈教学活动进行到一定阶段之后,了解该活动是否达到了预期目标以及该活动的最终效果,从而为相关决策部门提供建议与参考。

4. 按照评价的主体不同进行分类

依据评价的主体不同,可以将学前教育专业舞蹈教学评价分为自我评价与他人评价。

(1) 自我评价

自我评价是指评价者按照一定的评价目的与评价要求,对自身各方面能力进行的自我价值判断。评价者对自身的情况最为了解,通过自我评价可以充分发挥评价者的积极性、主动性,从而获得较为真实的评价结果,同时,自我评价使评价者对评价结果能够自觉并乐意接受。

(2) 他人评价

他人评价是指除了被评价者以外的其他人进行的评价。他人评价与自我评价的区别在于,他人评价的客观性更强,尤其在被评价者与评价者处于非亲密关系中时,评价变得更为严格,从某种意义上来看,他人评价相较于自我评价可信度更高。

5. 按照评价的基准进行分类

依据评价的基本标准不同,可以将学前教育专业舞蹈教学评价分为相对评价与绝对评价。

(1) 相对评价

相对评价是指在被评价对象的群体或团队中确立一个基本标准,将群体或团队中的独立个体与群体基本标准进行对比评价,从而确定该个体在团队中的相对位置,并根据所有个体的位置集合进行教学活动的标准衡定。相对评价的基本标准是在团队内部确定,根据团队的整体发展水平进行确立。

(2) 绝对评价

绝对评价是以预先设定的教学目标为评价基本依据,对被评价对象达到教学目标的程度进行评价。绝对评价的基本标准是在团队外部确定，在教学活动开始之前确定。

（二）学前教育专业舞蹈教学评价内容

学前教育专业舞蹈教学评价内容是基于各类型评价方式的综合运用，针对教学目标、教学内容、教学实施或教学主体等各方面因素进行的评价应用。主要包含从教师层面的评价、学生层面的评价以及其他层面的评价，不同的评价主体侧重的评价内容不同。

1. 从教师层面进行的评价

（1）教师对学生学习的评价

教师对学生的评价在学前教育舞蹈教学过程中应用最为普遍，主要是对学生舞蹈学习过程的评价和学生舞蹈学习结果的评价。对学生舞蹈学习过程的评价包含教师在舞蹈教学进程中，对学生的学习态度、舞蹈技能掌握情况、身体素质适应情况、心理接纳情况等的评价。对学生舞蹈学习结果的评价则是从量化和定性的角度对学生在教学进行至某一阶段或教学完结之后的学习成绩、学习效果的评价。

（2）教师对教学过程的评价

教师对舞蹈教学过程的评价其实质是为了使学前教育专业舞蹈教学获得更好的教学效果，是教师根据教学过程的安排进行自我评价与教师互相评价（他人评价）的综合应用。既是对学前教育专业舞蹈教学目标合理、教学教案完备、教学备课完善、教学实施科学、教学组织得当、教学方法实用、教学氛围融洽等方面的自我审视，也是从教师互听课、教学督导检查课、教学示范课等场景中得到同行的积极反馈与建议，从而及时调整、改进并完善舞蹈课堂教学，最终目的则是提高教学质量。

2. 从学生层面进行的评价

（1）学生对教师的评价

学生对教师的评价在当前高校教育教学中普遍存在且极为重要，是学生参与教学的重要手段，也是教师考核的重要指标。在学前教育专业舞蹈教学中，一方面，学生对舞蹈教师的评价是对其个人的评价，包含教师个人素养、专业能力、师德情怀，以及日常教学中的着装、语言等都可以作为学生对教师评价的参考点。另一方面，学生对舞蹈教师的评价是对其立足于课堂教学的评价，包含教师的教学能力、教学态度、教学效果、师生沟通、组织管理等方面。

（2）学生对教学的评价

学生对学前教育专业舞蹈教学的评价所涉及的评价对象与内容较为广泛，既有对舞蹈教师课堂教学层面的评价，也包含对舞蹈教学环境、舞蹈教学内容、舞蹈教学方式等客观因素的评价。

3. 其他层面评价

除了从教师与学生层面进行评价以外，还包含其他层面的评价，如针对毕业生岗位适应情况开展的企业评价、针对幼师社会需求所进行的社会评价、针对专业发展与学科建设所进行的专家评价等。各种评价方式综合应用，在学前教育专业舞蹈教学评价体系建立过程中都可以发挥一定的作用，产生良好的评价效果，共同推动学前教育专业舞蹈教学的高质量运行。

第二节 学前教育专业舞蹈教学评价体系建构

一、教学评价体系建构原则

学前教育专业舞蹈教学评价的建构过程中，应遵循一定的原则。依据教学评价的理论基础和学前教育专业舞蹈学科的教学特色，在本研究视域内，教学评价的原则包含全面性原则、目的性原则、科学性原则、真实性原则、客观性原则、尊重性原则。

（一）全面性原则

在学前教育专业舞蹈教学评价过程中应遵循全面性的评价原则，即评价者面对被评价对象时要做到全方位、多维度的评价，无论是教师还是学生都应该避免出现"以偏概全"的错误评价现象，遵循全面性的评价原则才能保证评价结果的客观与完整。学前教育专业舞蹈教学体系复杂，包含诸多构成要素，因而在评价时，评价者要全面考虑学前教育专业舞蹈教学的特殊性、整体性，做到"点面结合"、重点突出、全面把控，综合利用各种评价方式，获取理想的评价效果，为学前教育专业舞蹈教学体系的构建与专业的发展提供重要参考依据。

（二）目的性原则

评价的目的是否正确，评价的方向是否明确，决定了评价者采用的评价方式与评价基准。学前教育专业舞蹈教学评价的目的是促进教师教学素养提升、促进学生专业能力成长、促进学前教育专业舞蹈教学体系的科学构建与发展，不同的评价目的采用不一样的评判标准与评价方法，同时，对评价结果的处理与应用也存在着不同。如针对教师教学素养提升为目的的教学评价，以"自我评价""他人评价"为主要评价方式，而其他的一些以比较、排序、选拔为目的的评价方式将不适用于教师教学素养提升的评价范畴，同样"自我评价"与"他人评价"的目的是为了促进教师教学素养提升，其评价结果的应用也是遵循这一目的。

（三）科学性原则

学前教育专业舞蹈教学评价中要严格遵循科学性原则，即评价者应依据客观存在的现象与发展规律，制定科学的评价基准，保证评价目标、评价方式、评价过程的科学化，从而获得合理的评价结果。例如，学前教育专业舞蹈课程不同于专业院校舞蹈专业的课程，在学生舞蹈技能掌握程度的评价上，如果以"一字马"的"绝对评价"来评判学生舞蹈技能是否达标则失去了评价目标的科学性与合理性，此时采用"相对评价"并综合"诊断性评价"等评价方式，既参考了学前教育专业学生身体发展均值，又可以获得较为理想的评价结果，为学前教育专业舞蹈教学评价提供了有效的评价依据。

（四）真实性原则

真实性评价原则是指在学前教育专业舞蹈教学评价中，强调在真实的舞

· 125 ·

蹈课堂学习情境中对学生的实际表现与身心发展进行评价。在教学评价过程中既要考虑现实生活在评价进行中的催化作用，考察学生在真实情境中学习态度、学习兴趣、知识应用等层面的发展层级，又要关注学生真实存在的个体差异，对不同的学生采用不同的评价方式，满足不同学习程度学生的评价需求与评价反馈。

（五）客观性原则

教学评价应坚持客观性原则，即评价者以实事求是的态度，对被评价对象作出客观、准确的评价，最大化地摒弃主观臆断和个人情感。在对学前教育专业舞蹈教学进行评价时，评价者的态度应明确，立场应坚定，评价内容与方式应科学、多元、合适，面对群体评价时应注重并关注个体差异性，坚持从实际出发。一旦违背了客观性原则，将会导致教学评价结果的不准确，必将阻碍学前教育专业舞蹈教学高质量发展的进程。

（六）尊重性原则

尊重性原则主要是指在教学评价时应尊重被评价对象。从某种意义上来看，学前教育专业舞蹈教学评价的过程就是关注、承认、接受学生个体差异性的过程。对学生进行评价的根本目的不是为了筛选"谁好谁差"，也不是为了选拔"优生"，而是为了促进全体学生的全面发展。所有学生都在同一间教室，拥有平等的学习权利，都应该获得尊重，因此学前教育专业舞蹈教学评价的核心要尊重学生，在评价中要注意评价方式的选用，维护学生的尊严，正确反馈评价结果，激发学生的热情，提升学生的自信，确保教学评价能够真正发挥其在学前教育专业舞蹈教学中的本质作用。

二、教学评价体系建构手段

基于前文关于学前教育专业舞蹈教学评价类型、评价内容的梳理，综合学前教育专业舞蹈教学的实践属性，依据学前教育专业舞蹈教学评价的原则，对学前教育专业舞蹈教学评价手段进行归纳分析。学前教育专业舞蹈教学中对学生进行的评价是关于学生在舞蹈练习过程中的一系列行为表现与身心发展状况进行的价值判断,对学生的评价手段首先要获取学生行为表现与身心发展状况的信息。包含观察法、调查法、测量法三类。

(一) 观察法

观察法是一种重要的学前教育专业舞蹈教学评价手段,可以真实地反映学前教育专业学生的行为表现与身心发展状况,通过对学前教育专业学生进行有目的的、细致的观察,获取大量的评价信息,这对于评价者而言是极为珍贵的评价资料,可以为评价者提供真实的评价依据。

学前教育专业舞蹈教师要想更好地了解本专业学生学习舞蹈的状态,需要从课堂出发,深入学生群体的日常学习与生活,通过实地的观察,充分了解学生对舞蹈的兴趣、态度、学习进程以及在舞蹈学习中遇到的困难等,这样才能形成真实的教学评价依据,从而形成正确的教学评价,并对需要帮助的学生施以关注、鼓励、纠错等教学及教学辅助行为,促进学生学习的正向发展。

(二) 调查法

调查法是学前教育专业舞蹈教学评价中常用的基本方法,是在学前教育专业舞蹈教学评价中运用各种手段对学生的学习行为或身心发展进行的"有计划的、周密的、系统的间接了解和考察"[1],并对收集到的所有信息进行筛选、统计、分析并推理的一种方式。学前教育专业舞蹈教学过程中,学生作为独立个体和群体中的一员,单靠观察法来进行评价信息的收集是远远不够的,为了使评价信息的获取更为全面、完整、系统,舞蹈教师可以采用多种调查方法,包括提问法、谈话法、问卷法等。

1. 提问法

提问法作为教学评价信息收集的调查方法之一,也是学前教育专业舞蹈课堂教学中最常用的教学手段。学前教育专业舞蹈教学的过程中,舞蹈教师通过巧妙的提问可以了解学生舞蹈学习的进度、身心发展情况等信息。而在

---

[1] 陈永青. 幼儿快乐体操教学体系构建研究. 博士学位论文, 武汉体育学院, 2019: 147.

提问时，教师应使自己成为"善问者"，要以启发、激励、引导、发展学生等为评价目的，做到"提问问题难度适宜""提问内容时机恰当""提问方式语言巧妙"，只有这样才能通过"提问法"直接获取评价对象资料。

2. 谈话法

谈话法是指评价者与评价对象以及评价对象相关人员进行交谈，并从交谈中获取评价对象信息的方法。学前教育专业舞蹈教学评价中的谈话法可以分为标准谈话和非标准谈话。标准谈话是在学前教育专业舞蹈教学评价之前进行周密的谈话设计，对谈话的内容、进程、时间、突发情况等都进行事先规定。非标准谈话则是在学前教育专业舞蹈教学评价中对某个或多个议题进行较为自由的交谈，谈话内容、时间等根据现场谈话进程自由改变。两种谈话方式在学前教育专业舞蹈教学评价中都要注意"谈话主题的确定""谈话语气的把控"，做到"心中有数"，讲究语言魅力，便于更好地从评价对象口中得到客观、真实的资料。

3. 问卷法

问卷法在学前教育专业舞蹈教学评价中应用较为广泛，是评价者设计书面问卷形式发放给被调查者，并在一定时间内收集问卷，统计、整理、分析后获得评价信息的方式。问卷法被广泛应用得益于其具备以下优势：首先，被调查者的个人信息可以得到保护，不存在信息泄露隐患，也保证了被调查者可以真实、客观地回答问题；其次，评价时间具有一定的自由度，问卷法不要求现场得出答案，可以在规定时间内完成即可，便于被调查者灵活操作；再次，信息获取的多样性，问卷法要求问卷可以同时发放给多个调查对象，使得信息资料的获取更为广泛，答案也会多样，评价者能够在归纳分析后，得到更具代表性的数据；最后，信息收集的全面性，设计问卷时一般不会只考虑单一的问题，而是涉及多个方面的问题，能够做到对被调查者进行全面的考察，通过丰富资料的获取，评价结果也将更为全面。

（三）测量法

测量法是在学前教育专业舞蹈教学评价中通过考试、技能测评或其他测量项目对学生进行的测试,是以既定的度量标准对学生现有的水平进行的度量,以获取学生某方面发展信息的方法和重要途径。

测量法在学前教育专业舞蹈教学评价中应用广泛,包含以下测量内容:第一,对学前教育专业舞蹈理论认知的测量,即对舞蹈基础常识、舞蹈发展史、各舞种风格类型、舞蹈训练理念等的测量,主要通过试卷考试、口试等方式进行测量。第二,对学生身体发展情况的测量,即对学生协调能力、力量素质、软开度能力、灵敏度与速度等方面发展情况的测量,主要通过现场展示的方式进行测量。第三,对学生心理发展情况的测量,即对学生舞蹈学习态度、舞蹈学习动机、舞蹈学习兴趣、舞蹈心理接纳程度的测量,主要通过量表的方式进行。第四,对学生舞蹈技能掌握的测量,即对学生舞蹈表现力、舞蹈规范度、舞蹈应用能力等的测量,主要通过期末考核、汇报演出、比赛等方式进行。

三、教学评价体系建构价值

学前教育专业舞蹈教学评价通过对舞蹈教学效果的价值判断,在本专业舞蹈教学中产生了导向、反馈、调节、激励、诊断等价值,也为学生的全面发展提供了保障。

(一)导向价值

学前教育专业舞蹈教学评价是学前教育专业舞蹈教学的方向引导,可以引导评价对象趋向于理想的目标,为教学的发展起着"定标导航"的作用,也能帮助师生发现教学过程中存在的问题,及时地做出处理与改善。

(二)反馈价值

教学评价的反馈是指评价者将评价对象的信息传递给评价对象,同时在评价者将评价信息传递给评价对象后收集评价对象的返回信息,做到评价信息的双向循环。在学前教育专业舞蹈教学的评价中,教师通过教学评价的反馈能够了解到自身教学方式或教学组织的不足之处,不断地调整自己的教学策略,学生通过教学评价的反馈能够认识到舞蹈之于自身发展的重要作用,确定自己的学习目标,改善自己的学习方法,师生双方在教学评价反馈中都能够对自身建立清晰的认知,并在已知的教学现状中,通过自身的努力,使不合时宜的舞蹈教学活动朝着令人满意的状态调整。

(三)调节价值

通过教学评价活动中客观反馈信息的获取,教师可以及时地调整教学计划或方案,保证教学活动的顺利开展。学前教育专业舞蹈教学其实质是"示范—模仿—练习—展示"的过程,也是信息的"输入—变化—反馈—调节"的过程,调节即是舞蹈教学评价的目的与价值所在。学前教育专业舞蹈教学评价为教学活动的调节提供了必要的信息,使教师可以根据评价信息的反馈对原有的舞蹈教学计划或教学方案作出有益于教学活动开展的调节,追求教学系统的动态平衡与教学效果的理想化。

(四)激励价值

评价者通过教学评价的正确运用,能够调动评价对象的内在潜力,激发评价对象的学习动力,增加评价对象学习的积极性。学前教育专业舞蹈教学评价对教师的教学与学生的学习都具有强化作用,通过教学评价,教师可以明确自身教学工作的不足,也能欣喜于自身教学的优秀之处,激发教师的工作热情;通过教学评价,学生可以清晰地看到自己学习的"症结"所在,并能明确如何通过努力改变这些问题,由此激发学习动机,建立自信心。合理的学前教育专业舞蹈教学评价可以使师生双方更好地参与到教学活动中来,给予双方心理上的满足感,使之不断被激励,不断进取。

(五)诊断价值

教学评价的诊断价值体现在评价者对评价对象的现实情形与评价目标的符合程度的诊断与衡量,在特定的评价标准下,可以发现评价对象的真实表现,判断评价对象是否达到标准要求。学前教育专业舞蹈教学评价中,教师通过教学评价可以清晰地认识到自己教学水平以及教学中存在的问题,同时教学评价也能够帮助教师及时寻找学生在学习过程中出现的问题以及问题产生的根源。

（六）发展价值

在学前教育专业的舞蹈教学过程中，教学评价不仅可以激励学生的内在潜力与学习动力，还可以促进学生以积极乐观的态度、健康的身体来面对舞蹈学习。肯定的教学评价在帮助学生提升自我意识、个性品质培养、身心健康成长层面具有极大的推动作用与发展价值。

四、教学评价体系建构策略

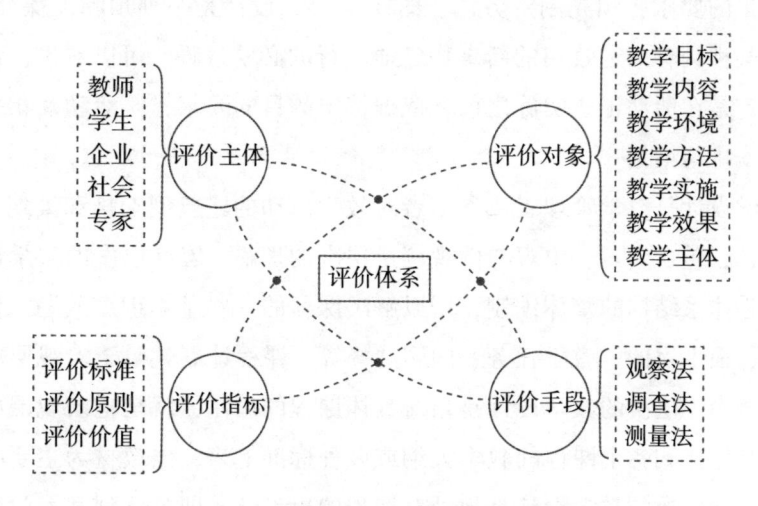

学前教育专业舞蹈教学评价体系的建构应从儿童立场出发，以教育情怀、职业应用与技能发展的人才培养目标为指导，遵循学前教育专业舞蹈教学的基本规律，以促进学前教育专业舞蹈教学质量为教学评价的目标，突出学前教育专业舞蹈课程的实践与应用特色，构建"评价主体+评价对象+评价指标+评价手段"聚合的"四位一体"多元化教学评价体系。（见图5-1）

图5-1 学前教育专业舞蹈教学评价体系

第六章　学前教育专业舞蹈教学设计与实施

第一节　教学设计

一、学前教育专业舞蹈教学设计认知

(一) 内涵

"设计"在《现代汉语词典》中解释为"在正式做某项工作之前,根据一定的目的要求,预先制定方法、图样等"[1],设计是一种预测性探究活动,是创造某种具有一定效用的新事物之前进行的必要过程。可以看出,设计的发生一定是在活动正式实施之前,依据特定的目的要求,对活动及相关事项进行的安排与策划。

教学设计是教学管理者或参与者对教学活动的经验型安排和策划。关于教学设计,包含宏观、中观与微观三个层次的理解:宏观层次的教学设计是指对课程体系结构的整体编制,用以解决课程的一些基本理念问题,包括课程价值、根本目的、教学任务、内容选择等,课程计划就属于宏观层次的教学设计;中观层次的教学设计是指对具体课程的编制,就是把宏观层次的教学设计具体化到各个课程的教学大纲或课程标准上来,以教材为主要的物质载体;微观层次的教学设计是教师对课程的再设计,即具体到某一门课程的教学设计。[2]

---

[1] 中国社会科学院语言研究所词典编辑室. 现代汉语词典. 北京:商务印书馆,1996:1003.
[2] 张传燧. 课程与教学论. 北京:人民教育出版社,2008:192.

在本研究视域内，学前教育专业舞蹈教学属于单一学科的教学，主要以微观层次的教学设计为出发点。在学前教育专业舞蹈教学设计中，涵盖了教育学理论、传播学理论、艺术学理论以及学习相关理论，设计者运用科学、系统的方式，分析教学对象（学习者）的需求，并对教学目标、教学内容、教学条件等相关因素进行系统梳理，从而计划教学过程的诸多环节，包含学前教育专业舞蹈教学目的的明确、教学结构的安排、教学方式的选用、课程资源的利用等。简单来说，学前教育专业舞蹈教学设计是在明确的教学目的前提下，对"谁来教""教给谁""教什么""怎么教""为什么教"进行的预测与统筹安排。

（二）特点

教学设计是学前教育专业舞蹈教学活动开始前的准备工作，指向整个学前教育专业舞蹈教学活动的计划与安排，具有以下几个方面的特点。

1. 系统性

教学设计是建立在系统理论基础上的，它强调系统方法的运用。[1] 学前教育专业舞蹈教学设计需要教师将教学过程中的各要素视为统一的系统，并对其进行筛选、组合与优化，按照系统分析的方法与规律进行重新的解构、编码和排列，使各要素的组合在学前教育专业舞蹈教学过程中达到最佳效果。

2. 主体性

教学设计的主要对象就是学生，关注学生的学习需求，并对学生个体的特征进行差异性分析，是教学设计的重点与落脚点。学前教育专业舞蹈教学设计，一方面要发挥舞蹈教师的主导性，更重要的是要培养学生的主体性，挖掘学生的学习潜能，提高学生舞蹈学习的主动性与积极性，更深一步地培养学生的自主学习意识与创造能力，以及鼓励学生参与到教学设计中来，最终目的是最大化地促进学生的主体性培养。

---

[1] 张传燧. 课程与教学论. 北京：人民教育出版社，2008：193.

3. 指导性

教学设计的主要规划者是教师，包含教师对教学活动的各种理想设计，是教师为组织教学活动而精心设计的教学蓝图。学前教育专业舞蹈教学设计中，教师的一切构想，如教学目标的达成、教学任务的完善、教学措施的应用均包含于内。因此，学前教育专业舞蹈教学设计一旦完成，教师就有了明确的施教依据，教师的教学行为也会受到一定程度的约束和控制。基于此，在学前教育专业舞蹈教学设计的过程中应做到全面、细致、科学，保证教学设计有理可依、有章可循，这样在学前教育专业舞蹈教学中才能发挥其指导作用。

4. 目的性

教学是有目的的活动，每一个教学设计也应该目的明确，做到指向性清晰，这是教学设计的出发点。在进行舞蹈教学设计时，教师首先要明确教学目的为何，才能依据教学目的对学生的学习动机、学习水平以及教学进度、课程大纲等进行透彻的了解，并以此进行教学程序的合理安排与教学策略的准确运用。有了明确的目的性，学前教育专业舞蹈教学设计才能做到有的放矢，才能取得高质量的教学效果。

5. 操作性

教学设计并不是为了制定一个抽象的文字教学规则对教学活动提出要求，而是以一种清晰明了、简便易用、可操作性强的形式设定基本的教学活动框架，从而解决真实教学情境中出现的诸多问题。学前教育专业舞蹈教学设计在形式上看，内容简练、结构清晰、层次分明，从内涵上看具有极强的操作性，是教学结构框架与教学实施要求的高度统一，是借助程序性知识建立起来的教学活动。

6. 创造性

教学设计的过程实质上是教师创造的过程。在学前教育专业舞蹈教学中，因各教师的能力不同、学生个体的差异化体现以及教学内容和教学情境的复杂性决定着教学设计不能只以一种固定化、程序化的模式进行，而是要根据学生身心发展状况、教学内容的难易程度、教学环境的适宜程度以及教学时机的契合程度等进行变通，从而创造性地去设计教学。同时，教学设计与教师自身的教学智慧、教学经验紧密相关,每个教师的教学设计是其教学风格的外在体现,教学设计为教师才能的发挥提供了展示的空间,是检验教师教学能力的硬性指标。

(三) 意义

教学设计是顺利开展教学活动的前提,更是优化教学进程、调控教学进度、检验教学成果的保障,具有以下几个方面的意义。

1. 学生主体地位的凸显

教师为主导,学生为主体,双方共同构成教学活动中彼此相互依存的教学因素。在教学设计过程中,正确地把握教师与学生的地位关系,对于明晰教学主体,推动双方共同参与教学过程起到极大的作用,同时在教学设计中明晰学生的主体地位,对于改善学生既往的被动接受学习行为,调动学生的主动性、积极性、创造性具有关键作用。

2. 学生学习需求的满足

现代认知心理学中将有效学习的条件分为"学习者原有的知识基础与学习者的动力——主动的加工活动",而学习者"主动的加工活动"则是源于其内部学习需求的满足。教学设计"以人为本""以学定教"既是教学设计制定的根本理念也是教学设计制定的目标导向。学生学习需求的满足是其可以在教师的教学启发与教学引导,独立自主地完成学习活动的体现,并从中体味到学习的乐趣与成功的意义,继而学习效率也得以提升。

3. 教师专业发展的促进

学生的主体性地位决定了教师在教学设计时应"以学定教",这就要求其摆脱以往"以教定学"的固化模式,探索学生"学什么",明确自身"教什么"。在此基础上,教师应从实际出发,使制定的教学设计能够与学生的真实需求紧密结合,并不断地创新教学方式,创造性地开展教学活动,将外在的教学变化内化为教师自身发展的动力,教学相长,使自身专业素养持续提升。

4. 教学系统稳定的增强

教学设计作为教学活动开展的前提,为教师的教学与学生的学习提供了"有据可依"的蓝图,形成了一个层级分明、排列有序、组合紧密的系统性结构，在此结构内教学目标、教学内容、教学方法与教学评价等要素有机结合、稳定运转，保障了教学活动的有序开展，提高了教学的效率和教学效果。

二、学前教育专业舞蹈教学设计程序和方法

（一）教学设计程序

学前教育专业舞蹈教学的设计遵循"由浅入深""由经验至思辨""由感性到理性""由构想到实施"的发展过程，其程序由以下环节构成（见图6-1）。

```
         确立指导思想        钻研教学内容       教案、课件制作
    1        2         3        4        5        6
  明确教学目标        分析学生特点       设计教学程序
```

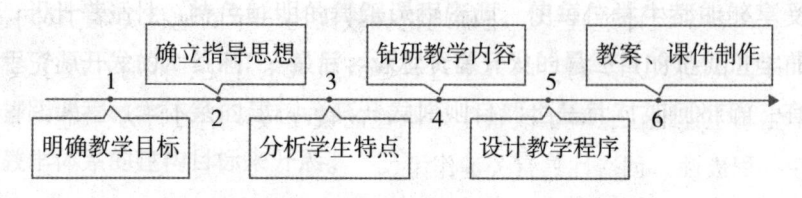

图6-1　学前教育专业舞蹈教学设计程序

1. 明确教学目标

明确教学目标，是学前教育专业舞蹈教学设计的出发点。在学前教育专业舞蹈教学中，只有对教学目标进行准确的把握与真实的了解，才可能进行教学的具体设计，从而以教学设计为指导开展教学活动。

2. 确立指导思想

确立指导思想，是学前教育专业舞蹈教学设计的灵魂。在学前教育专业舞蹈教学设计中，坚持以习近平新时代中国特色社会主义思想为指导，以党的二十大精神为指引，全面落实立德树人根本任务，以《高等学校课程思政建设指导纲要》精神为引领，将专业知识与思政教育有机结合，推动价值引领、知识传授和能力培养的紧密结合。同时学前教育专业舞蹈教学设计要注重专业特色，始终将儿童立场理念放在与教学设计水乳交融的关系地位上，增强教学设计的导向性。

3. 分析学生特点

对学生特点的分析是学前教育专业舞蹈教学设计的落脚点。在学前教

育专业舞蹈教学设计中，切实分析学生的特点，把握学生的身心发展状况，了解学生间的个体差异，认知学生的舞蹈技能水平，能够增强教学设计的针对性，最大化地减少教学设计的不均衡现象，使教学设计应用到全部学生。

4. 钻研教学内容

对教学内容的深度钻研是学前教育专业舞蹈教学设计的关键。在学前教育专业舞蹈教学设计中，教学内容作为传递给教学对象的具体知识、事实、观念或原理等，在本质上与教师的教学素养与学生的学习经验紧密相关，对教学内容的深度钻研既体现了教师治学的厚度，又体现了"以生为本"的教学理念。同时，学前教育专业舞蹈教学设计中，对于教学内容的钻研除了确定教学重、难点之外，还应注重教学创新点的设计，发挥教师的创新意识，确保教学内容与时俱进，使之具有鲜活的生命力。

5. 设计教学程序

教学程序的设计是学前教育专业舞蹈教学设计的核心。在学前教育专业舞蹈教学设计中对教学程序的设计是指学生在教师有目的、有计划的指导下，系统地掌握舞蹈技能，发展专业能力，形成思想认知的教学过程。教学程序体现着教师的教学智慧，从整个学前教育专业舞蹈教学过程来看，教师独具匠心的课堂组织、教学思想的融入、教学风格的发散都在教学程序设计中有所展现。

6. 教案、课件制作

教案或课件制作是学前教育专业舞蹈教学设计的文本展示。在学前教育专业舞蹈教学设计中，教师的教学设计会通过构思、分析、总结和理论提炼，在教案或者课件中进行呈现。教案书写能力与课件制作能力也是检验教师教学能力的基本指标。

需要注意的是，前文所述教学设计程序的六个环节具有普遍意义，但并不是作为一个固化的标准，根据不同的教学背景、学科差异与教师风格等，教学设计中关于教案的制作略有不同（见表6-1）。

表 6-1　教案模板

教学章节	
教学对象	
授课方式	课堂讲授（　　）　　实践课（　　）　　教学时数　　2
教学目标	1. 知识目标： 2. 技能目标： 3. 情感目标：
教学重、难点	
教学内容	
教学手段	
练习作业	
参考资料	
教学评价	

（二）教学设计方法

教学设计的方法不同于教学方法，主要是指如何进行教学的设计。教学设计是一种具有创造性的活动，正所谓"教学有法"而"教无定法"，其设计方法既依赖于教师的经验与直觉，又来源于教师的创造力，同时还依靠学科教育理论的支撑。学前教育专业舞蹈教学设计根据不同的教学内容、差异化的教学对象、教师的特有教学风格，可以有多种教学设计方法。

1. 经验—直觉法

"经验—直觉法"是指教师在长期的教学实践中，不断形成并积累了丰富的教学经验，以此建立特定的教学结构模式，经过直觉的构思、设计与建构，形成了规范性的教学模式与操作体系，之后在新的教学实践中将该教学模式与操作体系进一步应用、转化、定型，逐步建立稳定的教学设计结构。

2. 理论—演绎法

"理论—演绎法"是指教师从已有的教育理论中，特别是与本学科相关的教学理论中直接推导出相关的教学设计方法，之后经过长期亲身教学实践的检验、论证、修改与运用，使之发展成新的、可操作的、实用的教学设计结构。

3. 借鉴—创新法

"借鉴—创新法"是指教师从前人、同行的教学模式或其他学科已有的教学模式中进行适用于自己的借鉴、加工和改造，从而形成新的教学设计方法。这种方法更能发挥教师本人的主观能动性，反映教师的教学风格。

三、学前教育专业舞蹈教学设计过程

从普遍意义上来看，教学设计要解决"教的目的是什么"（目标）、"教给谁"（学习者）、"教什么"（学习内容）、"怎么教"（教学策略）、"教的效果"（教学评价）等几个方面的问题，教学设计的过程则是围绕以上问题的解决来构架。但是由于教学过程中各种因素的不断变化，使得教学设计过程并不是稳定不变的，其也在不断生成、建构和展开，具有动态性。基于此，学前教育专业舞蹈教学设计的过程是在一般性的教学设计过程中，从教学系统的整体性出发，保证教学目标、学习者、教学策略和教学评价的一致性，进行教学内容的丰富和外延，使教学各要素组合发力，产生整体效应，发挥最佳的教学效果（见图6-2）。

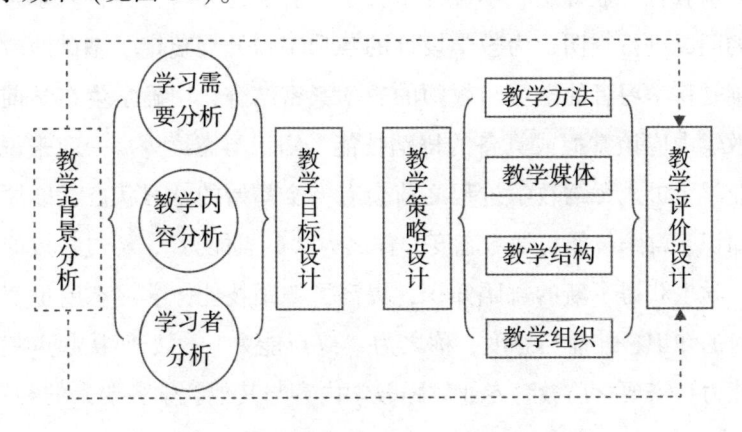

图6-2 学前教育专业舞蹈教学设计过程图

（一）教学背景分析

在教学设计开始之前，教师了解一些情况，分析一些问题，对于制定教学设计有极大的帮助。特别是在学习需要、教学内容与学习者层面开展的深度分析，可以尽可能地摆脱设计者的主观意志，设计出理想的实施方案。

1. 学习需要分析

在学前教育专业舞蹈教学设计中，"学习需要"指学习者的目前状况与所期望达到的状况之间的差距，即学生当前舞蹈技能知识掌握水平的现状与教学目标之间的差距，或是学生当前舞蹈技能知识水平与教师对学生所设想与期望的状态之间的差距。从较为广泛的意义来看，教师对学生的期望状态是指学生在教学完成之后能够具备应对当今职业需求、社会生产、科学研究以及个人发展等方面的能力。

在学前教育专业舞蹈教学设计中对学习需要的分析主要是为了发现学生在舞蹈学习中存在的问题，并分析问题产生的原因，寻找解决问题的方法和路径；同时在当前现有的教学资源与教学条件下，论证问题解决的可能性；学生在舞蹈学习中存在的问题并不是单一的，因此，对于学习需要的分析也是明确问题的重要程度，并在教学设计中确定优先解决的问题。

2. 教学内容分析

在学前教育专业舞蹈教学设计中，学习需要的分析已经将教学过程中即将面临的问题进行查明，为教学设计的各项工作开展奠定了基础。教学内容的分析则是将学习者的学习与教师的教学紧密结合，明确学生在学前教育专业舞蹈教学中应该掌握或具备的舞蹈技能、知识与态度等。一般来说，学前教育专业学生进入舞蹈教学过程之前会有一个初始的学习状态，即原本掌握的舞蹈知识、舞蹈技能与学习态度，称之为"起点能力"，经过一段时间的学习之后，学生获得了新的舞蹈知识，提高了舞蹈技能，学习态度也产生了变化，此时的知识、技能与态度，称之为"终点能力"[①]。如何从起点能力转化为终点能力，需要学前教育专业舞蹈教学内容与其他教学各要素的相互配合，

---

① 徐英俊. 教学设计. 北京：教育科学出版社，2001：81.

而对学习内容的分析则是在前期就对学习内容的从属知识、技能与态度的详细了解与阐明过程。

教学内容的分析对于教师对教学内容的把握、学习者学习的水平、教学目标的确定以及教学媒体的选用等有着极大的影响。在学前教育专业舞蹈教学设计中，对教学内容的分析主要目的有：分析教学内容的类型，从而确定教学内容的范围以及难易度，即对"教什么"与"学什么"的分析；明确教学内容中知识体系与技能训练的关系，从而确定教学顺序，即对"如何教"与"如何学"的分析。

3. 学习者分析

在学前教育专业舞蹈教学设计中，只对学习需要与教学内容进行分析是无法全面了解教学情况的，这样的教学设计是不完整的，只有对学习者进行全面的分析才能为教学设计的开展做好充分准备。学生是学前教育专业舞蹈教学的主体，学生能否掌握舞蹈技能、获得专业知识、转变学习态度以及相关能力的掌握程度是检验教学成果的关键，只有以学生原有的认知结构即前文所述的"起点能力"为分析基础，通过教学设计的精心完善，在教学实施中使学生不断建构新的知识结构，才算是有效果的教学。因此，在学前教育专业舞蹈教学设计中重视对学生的分析，是极为关键的。

学前教育专业舞蹈教学设计中对学习者进行分析有三个方面的目的：了解学生的舞蹈学习准备状态。所谓"学习准备"，是指"学习者在从事新的学习时，他的原有知识水平和原有心理发展的适应性"[1]，即"起点能力"，包含学生原来已经具有的知识、技能与态度；了解学生的一般特点，包含学生的学习思维、舞蹈兴趣、课堂行为，以及全体学生普适的身心发展状态等；了解学生的学习风格，即学生在舞蹈学习时所展示的个体习惯、喜好与个性特征等。对于学习者的分析可以从多角度、多层面开展，教师应从实际出发，根据特定的教学内容与教学目标，选择性地分析学生，并采用恰当的分析方式，使之成为教学内容的选择、教学目标的确定与教学措施的安排依据。

---

[1] 邵瑞珍. 教育心理学. 上海：上海教育出版社，1997：250.

(二) 教学目标设计

在教学设计中,通过对包括学习需要、学习内容与学习者在内的教学背景的分析,设计者已经对即将开展的教学活动有了基本的了解,做好了教学活动开展的准备。教学设计的下一个重要环节就是对教学目标的设计,即明确学生在教学活动完成之后所能达到的最终行为状态,这种行为状态往往用较为具体的、明确的目标进行表述。关于教学目标的概念在本书第二章第三节有过相关论述,不再进行过多阐明,此处需要再次明确教学目标是教学活动预期达到的最终理想结果,是人们对教学活动结果的一种主观性愿望。教学目标的描述应清晰、具体,做到可观察与测量。

1. 教学目标设计的要求

参照有关专家对教学目标的基本要素描述:"其一,说明具体的行为,以便教师能够观察学生,了解教学目标是否已经达到;其二,说明产生上述行为的条件;其三,指出评定上述行为的标准。"[1] 学前教育专业舞蹈教学设计中关于教学目标的设计要求,应做到以下几点。

第一,明确教学对象。学前教育专业舞蹈教学的主体是学生,教学目标设计的教学对象必然也是学生。因此,评判学前教育专业舞蹈教学效果的直接依据是关注学生有无改变、进步,而不是探讨教师是否完成教学任务。基于此,我们对于教学目标的描述由以往的"使动"话语模式转变成以学生为主体的"主动"话语模式,例如"使学生掌握芭蕾基训的7个手位"转变成"学生能够熟练掌握芭蕾7个手位",几字之差展示的却是不一样的主体地位。

第二,准确描述学生的行为。学前教育专业舞蹈教学目标的设计,要分清认知目标与情感目标的区别,一般来说,认知目标的描述是陈述式的,以直截了当的方式告诉学生舞蹈学习的行为、状态及结果,采用的行为动词往往是可测量、可评价的显性呈现。而情感目标的描述具有一定的隐性特征,无法进行直接的测量与评价,因此,采用的行为动词以体验性和过程性为主。

---

[1] 张祖忻,朱纯,胡颂华. 教学设计——基本原理与方法. 上海:上海外语教育出版社,1992:167.

为了达到可以观测的效果,情感目标的描述要避免使用例如"增强……意识""陶冶……情操"等抽象词语,尽量使用"承担……职责""提供……帮助"等词语,以减少教学目标的不确定性,增加教学目标的可操作性。

第三,针对性地指出教学目标产生的条件。学前教育专业舞蹈教学目标设计中,要对教学目标产生的条件即影响学生舞蹈学习效果的教学环境、教学方式、教学设备与教学资源等进行阐明,如"借助多媒体教学设备,采用信息化教学技术,学生能够对丰富的舞蹈资源进行系统分类"。

第四,指向性明确,指出教学目标达到的程度。"程度是学生达到教学目标的最起码的衡量依据"[1],学前教育专业舞蹈教学目标设计要注重对学生在教学活动完成之后所能达到的程度,即对学习成就的水准进行准确性描述,如"通过教师的示范与指导,学生在45分钟内可以准确并高质量地完成藏族舞蹈的颤膝动作"。

2. 教学目标设计的意义

第一,对教师教学的促进。学前教育专业舞蹈教学目标的设计可以作为指引教师开展教学活动的有效指南,一方面,教学目标的设计有助于教师梳理教学思路,在特定的教学思维下,思索如何更有效地完成教学目标。另一方面,教学目标的设计有助于教师安排教学策略、规划教学过程、选择教学媒体等,为科学的教学活动开展建立前期基础。同时,教学目标的设计过程也是教师专业素养增长的过程,伴随教学目标的编写,教师的专业知识得以拓展、教学水平得以提升,从自身层面为良好教学效果的生成建构条件。

第二,对学生学习的促进。学前教育专业舞蹈教学目标设计既可以作为教师开展教学活动的指南,同时也是学生进行学习活动的指南。一方面,教学目标在学生视角往往被转化为学习目标,影响学生的学习态度与学习效果,激发学生自主参与教学的积极性。另一方面,学生明确了教学目标之后,学习方向得以确立,学习的盲目性得以减少,学习过程也越发顺利。基于此,学前教育专业舞蹈教学目标的确立可以增强学生舞蹈学习的自信心与进取心,发挥学生舞蹈学习的主动性,提升学生的学习责任感,在此基础上,学生的

---

[1] 张传燧. 课程与教学论. 北京:人民教育出版社,2008:210.

舞蹈学习水平与舞蹈学习效果必然提高。

第三，对教学评价的促进。学前教育专业舞蹈教学评价是对学生达到教学目标程度的检验，教学评价的开展是以教学目标为参照，因此，通过对学前教育专业舞蹈教学目标的设计，学生明确了自身应学习的舞蹈内容、应掌握的舞蹈技能与应达到的目标水平，从而在教学评价中找出自身与目标的差距，进而通过不断的学习弥补差距，提升能力，增强自我发展意识，助推教学评价趋于正向。

（三）教学策略设计

通过前文对教学背景的分析、教学目标的设计的相关阐述，我们在教学设计过程中逐渐解决了三个问题：学习对象的确立、教学目标的设计以及明确学习对象从"起点能力"转化成"终点能力"所需要的教学内容。即"教什么""教给谁""学什么""教的目的"的设计已经初步建立。接下来将要讨论的将是"怎样教""怎样学"的问题，也就是构思关于教学设计中的教学策略问题。

1. 教学策略设计依据

所谓"教学策略"是指在教学过程中，为实现特定的教学目标而采取的方式。教学策略是学前教育专业舞蹈教学设计的重要环节，是解决教师"怎样教"与学生"怎样学"的有效手段。教学策略具有指向性、灵活性与多样性特征，关于教学策略的制定有多个参照依据：其一，从教学目标出发。学前教育专业舞蹈教学策略是为了完成针对性的教学目标而制定，指向性突出。其二，从教学理论出发。学前教育专业舞蹈教学策略是为了促进教学顺利开展的方法，应遵循教学的相关理论与一般规律。其三，从教学内容出发。内容决定方式，学前教育专业舞蹈教学的策略就是为了完成教学内容而选择的教学方式。其四，从学习者的角度出发。学前教育专业舞蹈教学策略应满足不同学习者个体差异化影响下的学习需求，形成符合学习者学习特点的实用性教学策略。其五，从教师的角度出发。学前教育专业舞蹈教学策略的选择应符合教师自身的教学智慧与教学风格，选择真正适用于自身条件的教学策略更能使教师在教学活动开展中得心应手。其六，从其他因素出发。学前教育专业舞蹈教学策略的制定还应考虑其他各类教学因素在内的客观条件，如教学环境、教学设备等的制约对教学策略的制定产生一定的影响，因此教师在制定教学策略时要充分考虑已具备的教学条件并创设新的教学条件，促进教学策略的顺利实施。

2. 教学策略设计之教学方法的运用

教学方法是师生双方为了共同的教学目标，在教学过程中运用的方式和手段的总称，既有教的方法，也有学的方法。前文关于学前教育专业舞蹈教学方法有着详尽的描述，本部分仅就在教学设计过程中选择教学方法的步骤与要求做简要说明。

第一，明确教学方法选用的标准。在学前教育专业舞蹈教学设计中，教学方法的选择标准包括依据教学目标、教学任务、教学时间和教学进度选择教学方法；依据学习者的现实状况选择教学方法；依据教师本身的专业素养与教学能力选择教学方法；依据现有的教学条件选择教学方法。

第二，广泛积累多样的教学方法。在学前教育专业舞蹈教学设计中，教学方法的选择不是单一不变的，因此教师要广泛地收集、学习、借鉴各种有益的教学方法，在不断的积累中，形成自己的教学方法库，在实际的教学中能够"信手拈来"。

第三，学会教学方法的对比与优化。在学前教育专业舞蹈教学中，多样的教学方法积累固然重要，如何进行教学方法的选择更是关键，这就需要教师以丰富的教学经验进行教学方法的对比，并不断将教学方法应用于本学科的教学中，使之处于持续优化状态。

3. 教学策略设计之教学媒体的选择

"媒体"一词，英文为"media"，意为中介、媒介、工具等，专指储存和传递信息的工具。在教学领域，教学媒体指"直接介入教学活动过程中，能用来传递和再现教育信息的现代化设备（硬件）以及记录、储存信息的载体（软件）"[1]。从狭义来看，教学媒体包含黑板、图片、幻灯片、投影、录像等教学工具，从广义来看，教学媒体还包含语言讲授、讨论、参观等形式。

---

[1] 徐英俊. 教学设计. 北京：教育科学出版社，2001：150.

在本研究视域内，我们主要讨论的是狭义的教学媒体。

学前教育专业舞蹈教学设计中，对于教学媒体的选择应考虑以下几个方面的因素。

第一，根据学前教育专业舞蹈教学目标和教学内容来选用教学媒体，即教学媒体的选择能否利于教学目标的达成，以及教学媒体的选择能否适应教学内容的性质与特点。

第二，根据学前教育专业舞蹈教学对象的真实情况来选择教学媒体，即教学媒体的选择能否最大限度地激起学生的舞蹈兴趣，转变学生的舞蹈态度，发挥学生的学习主动性。

第三，根据学前教育专业舞蹈教学媒体的特性进行选择，即考虑教师运用教学媒体的操作熟练度与教学媒体所发挥的技术特性的紧密关系。

第四，根据当前的教学条件选择教学媒体。学前教育专业的舞蹈教学媒体的选择要从实际出发，考虑本校现实条件，不能为了创新而选择本就不存在或不适宜的教学媒体。

4. 教学策略设计之教学结构的安排

在学前教育专业舞蹈教学设计中，确定了教学目标、教学内容、教学方法与教学媒体后，如何将这些要素进行合理的组织安排，使之有效地应用于学前教育专业舞蹈教学过程中，就需要科学合理的教学结构设计。

（1）教学结构设计的要求

第一，结构严谨、逻辑清晰。学前教育专业舞蹈教学结构设计应做到条理清楚、层次分明，即明确先做什么，后做什么。

第二，师生地位明晰。学前教育专业舞蹈教学结构设计要明确学生是教学的主体，充分发挥学生的主动作用，明确教师是教学的主导，使教师扮演好组织者、引导者与合作者的角色。

第三，操作性强。学前教育专业舞蹈教学结构设计应科学地组织，合理地安排，使之符合学生的学习规律，同时要满足教师实际的操作需求。

（2）教学结构的具体设计

教学结构的设计其实质是课堂教学活动的安排，是每堂课的组成部分及各部分进行的顺序和时间的分配。

常用的教学结构包含：①"传递—接受"结构，基本过程是"激发学习动机→复习旧课→讲授新课→巩固运用→检查"；②"引导—发现"结构，基本过程是"问题→假设→推理→验证→结论"；③"示范—模仿"结构，基本过程是"定向→参与性训练→自主练习→迁移"；④"情境—陶冶"结构，基本过程是"创设情境→参与各类活动→总结转化"[1]。以上四类常用的教学结构，可根据不同的教学目标进行选择，例如，在认知领域目标的培养中，选用"传递—接受"教学结构，在技能领域目标的培养中，选用"示范—模仿"教学结构，在情感领域目标的培养中，选用"情境—陶冶"教学结构，在学习思维能力培养中，选用"引导—发现"教学结构。

教学结构确定之后，接下来就要进行教学活动的安排，一般包含"组织教学""检查复习""新课讲授""新课巩固""课外作业"等环节。学前教育专业舞蹈教学活动中，教学活动一般遵从以下几个环节。

第一，集合、热身（引起注意）。这是学前教育专业舞蹈教学课堂的开始，用集合唤起和控制学生注意的活动，通过热身使学生能够快速地进入学习状态。

第二，明确教学目标（建立学习期待）。在学前教育专业舞蹈教学课堂上，告诉学生本堂课的学习目标，使之明确自己将要完成的任务和达到的要求，可以激发学生的学习期待，提高学生的学习动机。

第三，还课（刺激对先前学习的回忆）。学前教育专业舞蹈教学课堂上，在讲授本节新课之前，对学生上堂课学习的技能和课后作业进行检查与点评，使学生不断加深知识的认知程度，并借助原有知识结构作为铺垫，进行新知识的学习。

第四，新课讲授（呈现刺激材料）。新课讲授是完成一堂课的重点与关键环节，教师根据考虑学生的实际情况、知识准备与身心发展等，进行新知识、新技能的示范与讲解，即呈现鲜明、刺激的教学材料，促进学生的知觉感受。

第五，过程指导（凸显教师角色）。过程指导是学前教育专业舞蹈教学活动中必不可少的一环，是教师从外部针对学生的学习行为进行纠错、示范、

---

[1] 乌美娜. 教学设计. 北京：高等教育出版社，1994：164-167.

讲解、督促的指导过程，促进学生对舞蹈新知识、新技能的进一步掌握。

第六，引导反馈（师生双向互动）。在学前教育专业舞蹈教学活动中，教师应引导学生对本次舞蹈教学做出各种各样的反应，使之情感、思维与行为均能积极地参与到教学活动中来，促进教学的双向互动。

第七，课堂评价（总结）。教师应及时地将课堂效果通过师生间的谈话、交流或总结反馈给学生，既是帮助学生加深认知与巩固课堂学习成果的有效方式，也是教师自我总结的过程。课堂评价除了教师的主观评价以外，还可以在课堂中或课后以考核的形式进行。

第八，作业布置（增强记忆与促进迁移）。在学前教育专业舞蹈教学活动的最后阶段，教师应布置课后作业，包含本堂课的复习巩固、相关内容的知识拓展以及下节课内容的预习。课后作业是增强学生记忆与促进学生学习迁移能力的有效方式，学生可以更加牢固地掌握舞蹈知识与技能，并且养成运用所学解决新问题的能力。

5. 教学策略设计之教学组织的开展

各类教学策略的实施不仅需要教学方法、教学策略与教学结构的选择与设计，还需要通过一定的组织形式进行，即教学组织形式。学前教育专业舞蹈教学中，教学组织是根据舞蹈教学的主、客观条件，从人员、时间与空间的架构等方面进行统筹考虑，合理安排舞蹈教学活动的方式。

学前教育专业舞蹈教学组织形式大致分为三类：集体授课、个别化学习、小组课。

（1）集体授课

集体授课是学前教育专业舞蹈教学中最常用的传统授课模式，即教师通过示范、讲解、谈话等形式向一个班级传递教学信息的行为。集体授课模式经常用于舞蹈教室、排练厅等较为宽敞的场所，也可以借助信息化技术，舞蹈教师通过网络直播的方式向全体学生授课。不论是现场面授还是借助信息技术的直播，都要求教师在一定的时间内完成单向的教学信息的传递。

（2）个别化学习

个别化学习是学前教育专业舞蹈教学中较为新颖的授课模式，主要以学生的自主学习为主，个别化学习要求学生通过阅读舞蹈书目、观看舞蹈课程示范视频获得教学信息，教师充当资源开发、内容设计、教学引导的角色。在个别化学习中，教师精心设计自学内容，学生完成学习，一方面，教师设计普适性的教学内容，关注全体学生，保障每个学生都能学到知识；另一方面，教师根据学生的个体差异，设计多样的教学资源，允许程度不一的学生按照自己的能力选择适合的教学内容，最大化地促进学生学习效果提升。

(3) 小组课

小组课，也可以称之为小组讨论，是学前教育专业舞蹈教学中常见的教学模式。小组课旨在通过师生、生生间的讨论、问答与交流，分享教学资源，获取教学信息。小组内的教学互动使得师生之间或学生之间的接触、交流与沟通变的顺畅，也多了许多互相了解的机会，有利于建立和谐的人际关系。通过小组课的教学，学生可以得到表达自己见解的机会，强化自我对教学的深度参与意识，教师可以全面了解教学过程中各阶段的问题或成效，并从学生中得到及时的反馈，促进教学活动的不断完善。

学前教育专业舞蹈教学的三种组织形式，在使用过程中均有利有弊，例如，在集体授课模式中教师可以在规定时间讲授较多的信息，效率较高，传播面广，但是其单向性的教学传递使得学生很少有机会与教师交流，学生的学习呈现被动状态；个别化学习模式中学生学习的时间和空间灵活性变大，但是也容易导致学生自觉性缺失，养成拖延的学习习惯；小组课教学可以在情感目标、认知目标等层面使学生建立良好的人际关系，提升专业技能的培养，但是对于教学进度难以把控，需要教师丰富的教学经验来组织。因此，在学前教育专业舞蹈教学策略的制定中，要明确三种教学组织形式的优劣之处，在适当的时候选择适合的组织形式，综合考虑，合理选择，使之相互促进，达到某种程度的平衡，共同促进教学的顺利开展。

(四) 教学评价设计

教学评价是教学设计的重要环节，处于教学设计的收尾阶段，其目的是检验教学的效果，从教学反馈中汲取有益的部分，改善教学设计，完善教学过程，不断促进教师的教与学生的学，为高质量的教学设计与教学活动提供服务。

关于教学评价的相关分析在前文已有介绍，本部分不再做重要讲述。学前教育专业舞蹈教学评价的设计要以教学目标为评价指导，以教学内容为评价依据，从学生的实际情况出发，实事求是的设计出适合的教学评价体系。教学评价的对象包含教学的各个要素，如教师、学生、教学内容、教学环境、教学方法等。教学评价设计的基本内容包含确定评价目的，即为什么评价；确定评价对象，即评价谁、评价什么；确定评价标准，即评价依据；确定评价方法，即怎样评价。

第二节 教学实施

一、学前教育专业舞蹈教学实施认知

（一）内涵

教学实施伴随着课程理论研究的不断深入与课程改革的不断实践而来，是教学设计完成之后，将课程计划与课程教学方案转化为具体教学实践的过程。"课程计划"是指"制定课程变革的理想及实现这种理想的具体方案"①，课程计划与教学实施是理想与现实、预期结果与实现结果的关系。

关于教学实施的内涵，从不同角度解读有着不一样的内涵，第一，从课程变革的角度来看，教学实施是将某项课程改革付诸实践，把教学实施作为一个动态的过程来看待，关注的焦点是教学实践过程中发生课程改革的程度和影响课程改革程度的因素；第二，从课程开发的角度来看，教学实施是课程开发的一个环节，是对某项课程方案的执行，重点考察课程方案的落实情况，关注的焦点是课程执行者对课程方案的理解水平和落实程度。

完善教学实施是课堂教学的关键，教学设计完成后，通过教学实施来检验教学设计的科学性、合理性与可操作性。在学前教育专业舞蹈教学的实施过程中，结合本课程肢体表达的教学特色，要把握实践与理论的结合，将教

---

① 靖国平，邓银城. 课程与教学论教程. 武汉：华中科技大学出版社，2012：134.

学实施看作是一种连续、动态的创造过程,通过协调课程开展的诸多因素,通过师生间的有效互动,助推教学活动的顺利开展,实现课程目标与教学目标。

(二) 特点

教学实施是一种现实存在的、具体的、处于动态行为的教学实践活动,也是教学主体内在的价值追求,基于此,教学实施是价值与现实的统一。教学实施具有实践性、现实性、动态性、人文性、创造性等特征。

1. 实践性

学前教育专业舞蹈教学活动既有学校教育活动的主要属性,又含有舞蹈艺术身体表达的专业特色,其本质是教师与学生的双向实践活动。就教师而言,教学实施是根据一定的社会要求和职业需求改造学生的实践过程;就学生而言,教学实施是在教师指导、目标引导下主动地掌握舞蹈知识、专业技能,形成积极的情感态度和价值追求,从而完善自身社会化与个性化的实践过程。

2. 现实性

学前教育专业舞蹈教学实施具有现实性特征,所谓"现实性",是指教学实施的现实情境,即学前教育专业舞蹈教学活动的开展是在具体的现实条件下,从课程存在的现实情境出发,以可触及的教学目标为指引,从师生处于的真实状态入手,利用一切现有教学资源,进行实际的拓展与探索,建构可操作、有意义的教学活动。

3. 动态性

动态性是学前教育专业舞蹈教学实施的根本特性,源于教学实施过程中诸多因素的不确定性与持续发展,来自社会期待层面、职业需求层面、学校管理层面以及个性发展层面的各种变化都会影响学前教育专业舞蹈教学的实施。学前教育专业舞蹈教学实施的动态性决定了教学过程不可能绝对地按照教学设计稳定不变的开展,只有教学实施主体根据实际情况以及对教学动态的预估进行适应性的调整与创造,才能顺利地组织教学活动,完成教学计划,促进学生发展。

4. 人文性

学前教育专业舞蹈教学实施是"人"为的教学活动，人文性是其显性特征。一方面，教学实施面临诸多的可能性、不确定性与开放性，教学实施以及教学设计、教学管理和教学相关各个环节必须由人来支配，而非其他客观物质；另一方面，教学实施的主体是人，包含教师的主体实施与学生的主体接受，以及双方共同的主体性参与，通过教学激发学生的主动性、创造性与生命力。

5. 创造性

在学前教育专业舞蹈教学实施的过程中，教师既要考虑教学实施的现实性，明确教学现实情境，又要把握教学实施的动态性，认识到教学"变"的意义，将教学实施看作是一个创造性工程。教师是教学的决策者，也是将教学现有材料与现实情境转变为真实课堂的创造者，在此过程中，教师基于对"变"的意义的深刻理解，触发内在动机，主动改变原有固化且不合时宜的教学模式，主动变革与适应，重构新模式，促进教学实施的良性发展。

（三）取向

教学实施的取向是基于对教学实施本质的不同认知以及产生这些不同认知的价值观。在学前教育专业舞蹈教学实施中，由于教师持有不同的教育价值观，对教学实施的理解和认同将会形成差异，导致其往往以不同的态度或方式来进行教学实施。学前教育专业舞蹈教学实施的取向一般分为三类：忠实取向、适应取向与创生取向。

1. 忠实取向

忠实取向表明教学实施的执行者忠实地、完全地去执行教学设计、计划或教学方案，依据忠实取向，越是符合教学设计、计划与方案的教学实施越是成功的。

教学实施忠实取向的问题其实质是如何将原有的已经由专业人员设计好的教学设计施以具体化的问题，即如何在具体的教学过程中将教学计划实现，并将教学计划真正落实在教学进程中。在学前教育专业舞蹈教学实施中，忠实取向强调教学设计的重要性、优先性与示范性，认为事先经过规划的教学设计可以具有一定的模式化、标准化与可操作性，能够被教学执行者接受，并且可以忠实地执行。在忠实取向视域内，教学设计者与教学执行者被分开，设计者关注课程的教学目标、教学内容和教学方法的设计，而教学执行者则考虑如何落实教学设计者规定的内容，二者的吻合度是检验教学实施成效的标准，吻合度越高，教学实施越有效。

当然，在忠实取向影响下，学前教育专业舞蹈教学实施也有走向偏差的可能性，教师作为执行者容易陷入一个固化的教学空间内，并没有太多的自由发挥的余地，不被鼓励去根据实际教学课堂进行因地制宜的创造性教学，造成教学课堂单调、枯燥，师生主体陷入被动等多方面问题。因此，在学前教育专业舞蹈教学实施中，教师应明确忠实取向并不适合所有教学内容，应该在教学内容极为复杂，需要教师全面把控，需要学生全程配合的教学内容中采取忠实取向的教学实施，如在学前教育专业舞蹈基本功训练、芭蕾基训等具有严格程式化的教学内容实施中，就需要教师忠实执行教学设计中规定的各项训练指标，在科学化的训练中达到教学目标。

2. 适应取向

教学实施中的适应取向认为教学过程是一个动态、连续、可调整的过程，不同于忠实取向中关于教学设计者与教学执行者分开的论断，教学实施的适应取向将教学设计者与教学实施者共同视为调整教学进程的参与者，是对忠实取向的一种"批判"与"挑战"。

教学实施的适应取向强调教学过程不是"设计者→执行者"单向的传递与被动的接受，而是双向互动与适应性改变，教学设计的实施需要执行者依据实际存在的教学现状加以弹性调整。事实上，学前教育专业舞蹈教学实施已经是在经过对教学计划或方案的研判，以及根据学生身心发展现状、教学真实情况的了解与掌控进行了适应性的调整之后，形成的能够产生最大教学效能的教学活动。

在适应取向下，教学实施是一个非线性的不可预知的过程，受到多种因素的影响和制约，其走向并不在一个既定的轨道内运行，一切都处于变化中，要根据实际情境做出相应的调整。在这种取向下，教师作为执行者没有完全与教学设计者隔离开，而是紧密结合，互动适应，在某种程度上，教师既是设计者也是执行者，其本身具有一定的灵活性，既关注教学方案的执行与落实程度，又能够主动、积极地去做教学实施的实践者与改造者，使教学实施更加符合具体实际的教学情境。

3. 创生取向

创生取向是在忠实取向至适应取向延伸的基础上形成的一种新型的教学实施取向，是从"设计者→执行者"的单向传递，到"设计者+执行者"的双向适应，再到如今的"设计者+执行性+学习者"的共同参与的教学改革进程。在创生取向认知领域内，教学实施被看作是整个课程的一部分，即课程是师生共同创造产生的教育实践的结果，而教学实施则是教师与学生共同开发、探索与实践形成的。

教学实施的创生取向更加关注师生层面带来的教学成效，把教师的教与学生的学，以及教师与学生的良性互动都纳入教学实施的优先参考因素内。在学前教育专业舞蹈教学实施中，创生取向能最大限度地发挥教师和学生在教学实施中的主动作用，教师的教学智慧、职业素养，学生的个性成长与专业发展均是教学实施的内在驱动，双方在教学中的实际体验是教学实施的催化剂，对教学活动的有效实施与教学效益的不断提升产生积极的作用。

二、学前教育专业舞蹈教学实施的影响因素

影响教学实施的因素很多，包括促进教学实施的正面影响因素，也包含阻碍教学实施的负面影响因素，认识各类影响因素并明确其对教学实施的影响程度与相互关系是更好地实施教学的基础。

不同的课程以及课程教学实施环境，其影响因素也会略有差异，因此，学前教育专业舞蹈教学实施影响因素的研究是在基本影响因素中进行关于本课程的针对性认知，主要从教学计划因素、教学实施主体因素、教学资源因素、教学评价因素四个方面加以关注。

（一）教学计划因素

一门课程在完整的教学设计之后，进行单元或章节的教学实施之前，即教学的备课阶段，需要教师完成教学计划的制订。教学实施是将教学计划付

诸实践的过程。教学计划的合理性、明确性与可操作性是影响教学实施的重要因素。学前教育专业舞蹈教学计划即教学方案，可以看作是教学的起始，"是最早出现的有关舞蹈教学方面的总的设想"①，在教学计划阶段，教师既要考虑学前教育专业舞蹈学科的特殊性，又要遵循教育教学的一般规律，考量多种教学因素的制约或促进作用，再进行教学计划的制订，从而促进教学实施的顺利开展。

1. 合理性因素

关于教学计划的合理性因素，指教学计划能否满足使用者的需求，以及教学计划是否在正确的理论指导下完成。学前教育专业舞蹈教学计划的制订应注重合理性因素，循序渐进地安排教学内容，使之满足学生与教师的双向需求，同时教学计划的制订应以正确的理论指导为基础，应将"以人为本"教育思想深度融入，坚持儿童化为依托的学前教育专业特色教育思想。教师在制订教学计划时，一方面要将学生放在教学的主体地位，进行教学目标设置、教学内容选择以及教学方式的选用；另一方面要从儿童立场出发，"俯下身来"教学，师生均以"儿童"作为教学最终对象，制订合理的教学计划。

2. 明确性因素

影响教学计划的明确性因素，能让学习者明确教学计划的目标和方法，使执行者明确"做什么"和"怎样做"。当前，学前教育专业舞蹈学科虽然以一门"课程"存在于学前教育专业课程体系中，但是其完整性、规范性、模式化、体系化等方面仍然有待完善。为了使学前教育专业舞蹈教学实施得以顺利开展从而有针对性地进行教学改革与创新性探索，教学计划应做到明确、具体，使教师有能力使用并愿意推广。

3. 可操作性因素

教学计划的可操作性是指教学计划在实际教学实施中能否可行，以及使用的方便程度。任何教学计划都离不开教学实践，"纸上谈兵"在教学层面终是行不通的，只有教学实践才可以检验教学计划的可行性。学前教育专业舞蹈教学计划的制订是在分析计划可操作性的基础上进行的，既要考虑学生的

---

① 吕艺生. 舞蹈教育学. 上海：上海音乐出版社，2015：69.

身心发展程度、舞蹈知识水平以及舞蹈兴趣等方面，又要考虑男女生比例、教学环境等因素。在一定条件下，教师还应真正进入舞蹈课堂实践中，实现教学计划的反复"制订—修改—完善"过程，使教学计划真正地适用于教学实施。

（二）教学实施主体因素

教学实施的主体众多，包含教育决策者、教学设计者、教学管理人员、教师、家长、学生及其他相关人员，教学实施主体从多个方面—如态度、能力、行为—对教学实施产生积极或消极的影响。在教学实施主体因素中，教师、学生作为核心人物，对教学实施的影响更为明显，并直接作用于教学实施的效果。

1. 教师

教师是教学实施的关键，是影响教学实施的核心因素，在教学中起到至关重要的作用。一方面，教师对教学实施的认知与态度对教学实施产生影响，当教师以积极的心态去面对教学时，其教学效益必然是正向增长，反之，教师在对教学实施产生抗拒心理或者不认同心理时，必然影响教学实施的进行，教学效益自然是呈下降趋势的。另一方面，教师具备的专业素养对教学实施产生影响，教师个人的专业背景、知识储备、教学水平等均影响着教学实施的效果。教学实施过程是教师的"认知"与"素养"重新建构并融合发力的过程，学前教育专业舞蹈教师既要具备专业舞蹈能力，掌握舞蹈教学法，了解教育学与心理学相关知识，还要在实践中积累丰富的教学经验，对学前教育专业舞蹈教学改革与实践的推动给予支持和认同，从能力与情感方面促进教学的顺利开展。

2. 学生

教学实施的最终目标是学生的发展，在教学中坚持"以生为本"是必要条件与价值旨归，学生作为教学实施的受益者与参与者，直接影响着教学实施。一方面，学生对教学计划或方案的理解与认同与否，决定了其能否主动参与到教学实施过程中来，以及能否积极配合教师的各项教学活动。另一方面，当学生认为教师的教学实施或教学改革与自己无关时，往往会呈现出一种漠然的态度，表现为不合作的行为，这将极大地影响教学进程，产生负面的教学效果。在学前教育专业舞蹈教学实施过程中，要注重学生的主体地位与参与感，强调师生间的互动与配合，教师的示范与引领需要学生的反馈与参与，只有当学生真正以"主人翁"的角色融入教学实施中，才能提升学生的主体地位，形成教与学的双向提升，教学实施才能取得良好的效果。

（三）教学资源因素

教学资源是影响教学实施的重要因素之一。一方面，教学资源为教学实施提供了基础和前提；另一方面，教学资源直接影响着教学内容的丰富程度，对教学实施的深度与广度也产生极大的影响。一般来说，教学资源越丰富，教学实施的水平越高，但当教学资源达到一定程度之后，对教学实施的影响因素就不再显现，而是继续从教学主体层面进行影响。

学前教育专业舞蹈的学科特殊性决定了其对教学资源的需求与其他学科不同，在教学实施中，一方面需要涵盖舞蹈教师、学生、舞蹈文化等在内的人文资源；另一方面需要宽敞的舞蹈教室、标准把杆、专业地板、安全墙镜以及多媒体播放设备在内的诸多物质资源；同时，对于舞蹈教材等文本资源的需求也是必不可少的。

（四）教学评价因素

教学评价是影响教学实施的又一个重要因素。一方面，教学评价进程中对于教学结果的评价以及对关于教学评价信息的有效反馈可以及时检验教学目标的完成情况；另一方面，教学评价可以在教学实施过程中反映出教学目标与目标完成度之间的偏差，以此形成教学监督机制，使之最大化地消解教学目标与教学结果之间的偏差度。

在学前教育专业舞蹈教学实施进程中，教学评价不只是对学生的学习进行考核、对教师的教学进行评判，而是对教学实施进行全面的评价，包含关于教学计划或方案的评价、教学实施条件的评价以及教学实施过程的评价。另外，在学前教育专业舞蹈教学实施进程中，教学评价不以终结性评价为目的，而是将过程性评价与反馈作为教学评价的重要参考指标，促进教学实施的高效、科学、合理运转。

三、学前教育专业舞蹈教学实施的基本策略

（一）教学准备策略

"教学是一种有目的、有计划的活动"①，在教学活动实施之前，教师要做好充分的准备，既要在头脑中形成一个清晰的教学计划与教学轮廓，还应该形成一种书面形式的计划。教学准备的越充分，教学实施越能朝着有序性的方向发展。学前教育专业舞蹈教学实施进程中，教学准备策略主要包含教学目标的表述、教学材料的处理、教学行为的选择、教学组织的编制以及教学方案的形成。

1. 教学目标的表述

在学前教育专业舞蹈教学实施中，关于教学目标的表述涵盖以下几个方面：其一，学前教育专业舞蹈教学目标的行为主体是学生，学生在教学过程中是否得到发展是教学评价的直接依据；其二，关于学前教育专业舞蹈教学目标的表述中，教学行为动词应是可测量、可评价且具体而明确；其三，学前教育专业舞蹈教学目标中关于学生行为表现程度的描述应是学生在舞蹈教学完成之后所能达到的最低表现水平，往往用"至少"等词来描述，如学生至少掌握芭蕾的5个脚位站姿，主要用来测量学生学习结果所能达到的程度。

2. 教学材料的处理

"教学材料"在学前教育专业舞蹈教学中主要指教学内容的多样形式的载体，如文本材料的教材、教学参考书目、课程标准等；传统多媒体的图片、音乐素材、视频资料；运用飞速发展的信息化技术搭建的各种"云"平台、网络教学资源库等。

在学前教育专业舞蹈教学实施的准备阶段，无论是根据现有教学材料进行教学的教师，还是自己创造、开发、编制教学资源的教师，都应该根

---

① 张传燧. 课程与教学论. 北京：人民教育出版社，2008：315.

第六章　学前教育专业舞蹈教学设计与实施

据教学目标进行准备。一方面，对现有教学材料进行研读，深入分析与研究教材、课程标准等文本材料，对教学目标、教学内容、教学要求与教学评价等方面进行全面的认知；另一方面，以现有教学材料为基础，根据教学对象的实际情况与教学目标的预期成效进行教学资源的开发，形成创新的、适应性的教学资料，使之与教学目标、教学内容、教学要求与教学评价等方面有机结合，将教学实施的各个环节有机串联，整体把握，更好地进行教学实施的准备。

3. 教学行为的选择

一般来说，学前教育专业舞蹈教学实施中的教学行为选择要注重三个层面的联结。

其一，学前教育专业舞蹈教学行为的选择应与教学目标、教学内容、教学意图等因素相联结，注意教学方式的合理运用，如在进行某项舞蹈动作的教学时，如果仅以语言进行知识传递是远远不够的，"口传"+"身授"的语言与示范相结合的教学方式更有效果；其二，学前教育专业舞蹈教学行为的选择应与学生的实际发展情况相联结，当某种教学方式与学生真实的接受水平、真实的学习经验以及真实的身心发展状态相符合，其对于学生专业能力的发展、学习兴趣的提升以及学习态度的转变都是一种正向"催化"作用；其三，学前教育专业舞蹈教学行为的选择应与教师的个人教学能力相联结，教师在选择教学方式时，除了依据教学目标、教学内容以及学生的实际情况以外，还应根据自己的教学智慧、专业素养以及长期的教学经验进行综合考量，一般来说，教师运用自己熟悉且熟练的教学方式，能够更有效地开展教学。当然，教师不能局限于只使用已经被自己形成"模式化"的教学方式，而应该不断尝试，不断创新，将教学方式的变革有效融入教学实施中，形成独特、有效且不断完善的教学策略。

4. 教学组织的编制

教学组织是在教学实施过程中教师与学生的组合方式，学前教育专业舞蹈教学组织形式分为集体授课、个别化学习、小组课三类（三类组织形式前文已述，此处不再赘言）。

学前教育专业舞蹈教学实施的准备策略中，关于教学组织形式的编制，

· 159 ·

要做到综合考虑，合理选择，运用多种组织形式，最大限度地发挥各自的优点。

5. 教学方案的形成

通常来讲，教学方案的形成是教学准备阶段的结果。教学方案，即教案，是为教学实施而准备的书面计划。根据教师自身的教学习惯、教学经验、教学智慧以及教学活动的性质和学校关于教案的管理规定，教案的呈现形式是不同的。事实上，教案并没有固定的格式，它是个性化与情境化的产物，不同的教师、不同的学科、不同的教学目标、不同的教学情境下形成的教案各有不同。因此，教师在教学准备的最终阶段，关于教案的形成不必完全拘泥于"套路化"的格式，而应该充分展示自我个性，尝试多样化的教案设计，也可以在教学实施中不断进行教案的调整，逐渐形成有自身独特教学风格与教学特色的教案。

（二）教学行为策略

教学行为是教师在教学实施中为了达到教学目标或完成教学任务所表现出来的行为，教学行为是教师专业能力、职业素养的外在表现，直接作用于教师课堂教学的效果。学前教育专业舞蹈教学实施中，教师往往采用多种教学行为，主要有示范与讲解行为、提问行为、讨论与反馈行为三种。

1. 示范与讲解行为

舞蹈是肢体表达的艺术，舞蹈美的感受从视、听、动觉三个方面综合展现，因此，在学前教育专业舞蹈教学实施中最常用的教学行为是融身体与语言为一体的示范与讲解行为。示范行为是指教师通过自身对舞蹈动作的示范向学生展现，学生跟随教师的示范进行模仿学习。示范行为具有直观性，使学生从视觉与动觉层面亲身感受舞蹈动作。讲解行为是指教师以口头语言向学生说明、展现舞蹈知识，学生从听觉层面完成对知识的理解与掌握。

示范与讲解行为是学前教育专业舞蹈教学实施中最常用的教学行为，好的示范与讲解可以有效地促进知识的传递，对学生舞蹈知识的掌握、舞蹈技能的发展有着极大的促进作用。但是从信息传播角度来看，示范与讲解行为具有知识的单向传递特性，缺少师生间的互动，容易出现学生学习兴趣降低，学习态度出现偏差的现象。

2. 提问行为

提问是学前教育专业舞蹈教学实施中最重要的教学行为之一，也是师生互动交流的重要方式之一。良好的提问行为可以加强师生间的密切交往程度，不断激发学生的学习动机，有效提高教师的教学热情，产生令人满意的教学效果，这是"有效的提问"。当然，"拙劣"的提问行为往往会对师生的交往产生负面影响，容易引起学生的课堂反感，不利于教学实施的有效运转，此谓"无效的提问"。

在学前教育专业舞蹈教学实施中，有效的提问应该具有方法性、目的性、示范性、启发性、情感性和多样性的特征。第一，应注意提出问题的构思与表述方式，既要合乎语法，表述清晰，便于学生理解，又要使问题具有思考价值，使学生在思考之后进行回答；第二，合理安排问题的呈现顺序，使问题由浅入深、循序渐进、符合逻辑，避免跨越式的提问；第三，把控提问节奏，过快或过慢的提问对于学生的思考都会造成影响，也就难以获得令人满意的答案，学生对问题的认知也就流于表面；第四，兼顾全体学生进行提问，教师不能只针对成绩优秀的学生提问，也不能只针对成绩较差的学生"恶意"提问，要从全体学生的实际出发，设计的问题也应兼顾全体学生，同时注重个体差异性，针对性地提出个别问题，使提问行为变成真正有效的提问，进而促进全体学生的发展。

3. 讨论行为

讨论行为是学前教育专业舞蹈教学实施中班级内部各成员间的互动交流行为，既有师生间的讨论与反馈，也包含学生之间的交流与互动。讨论行为往往以"形成对某一问题较为一致的理解、价值或判断"[1] 为终点。但是在实际教学中，讨论行为的运用在整个教学实施过程中所占比例极少，主要因为讨论的结果不容易及时生成且无法预料，讨论的时间难以控制，极易造成课堂时间的浪费。

因此，在学前教育专业舞蹈教学实施中，如果运用讨论的方式，应该做

---

[1] 张传燧. 课程与教学论. 北京：人民教育出版社，2008：328.

到：第一，做好准备工作，教师要合理安排讨论的议题，议题可以激发学生讨论的欲望与参与讨论的兴趣，而议题的难易程度也决定了讨论行为的成败，同时教师要合理安排讨论的分组，一方面满足学生自愿分组的愿望；另一方面根据学生的基本情况进行适度调整，使小组内部产生内聚力，可以共同启发，使讨论能够充分、有效。第二，做好启动工作，教师在学生的讨论过程中要扮演好"引导者"的身份，一方面，教师要向学生说明讨论的议题以及学生自身在小组内部的角色；另一方面，教师要明确讨论过程中的纪律，防止课堂秩序的失控。第三，做好组织工作，教师要在规定时间内安排好讨论活动的流程，一方面，教师要以倾听为主，把对话的时间尽量留给学生；另一方面，教师要密切关注教学讨论的动向，适时地引导、介入，确定讨论议题在预定轨道内进行。第四，做好总结工作，教师在讨论结束时，对于各小组讨论的结果要做出客观的总结，既要归纳统一的讨论结果，又要对不一致的结论提出新的认知或是解决办法，引导学生与教师一起对新的问题进行反思，为后续的教学实施做好准备。

（三）教学管理策略

教学管理是教师在教学实施过程中采用的一种必要手段，是为了维持课堂教学秩序、协调教学参与人员与教学事务，把控课堂教学时间等的一系列行为。良好的教学管理可以约束阻碍学生学习的行为，有序的秩序维持有助于课堂氛围的营造，对学生养成良好的秩序观念与规则意识有着明显的促进作用，也对激发学生的学习潜能，引导学生进行积极的学习活动，获得更高的学习效率产生极大的帮助。

学前教育专业舞蹈教学实施中教学管理的直观体现是教师对教学规则的制定。规则可以看作是教学运行过程中参与人员所遵循的法则，是对教与学行为的指引或约束，学前教育专业舞蹈教学规则的制定，是为了保证教学实施的顺利进行，使学生能够在公平、和谐、愉悦的群体学习环境中获取知识。

1. 教学规则的制定依据

第一，依据国家的教育政策和法规，以及所在地区教育行政部门制定的相关地方性政策和法规等制定教学规则；第二，依据所在学校的校规校纪以及班级内部制定的班规等制定教学规则；第三，依据社会、家长对学生的专业成长期望与工作岗位对学生的职业期待建立的教学规则；第四，教师依据自己面临的实际教学情境与长期以来形成的教学经验制定相应的教学规则。

2. 教学规则的制定要求

第一，教学规则的制定不能成为教师的"一言堂"，要经过教师与学生的讨论产生，是教师主导与学生参与的结果；第二，教学规则要合理、明确，有法律法规的依据，有可操作性，不冗长，清晰简短；第三，教学规则内容的表述不以"禁止"为目的，要以正向引导为主；第四，教学规则的形成应是动态的，一旦出现不适宜当前教学的情境应及时做出调整与修改。

3. 教学规则执行的要求

第一，教学规则执行前要做到充分的检查，如果规则的制定不利于教学活动的开展则应该立即停止执行；第二，教学规则的执行要做到始终如一，在规则确定下来后，要明确的执行，奖惩制度也应该适时开展；第三，教学规则的执行要做到公平，教师在判断学生对规则的遵守与否方面要做到客观、公平，使学生认识到规则存在的意义，为其学习行为提供方向，同时，教师在公平的原则下面对具有个体差异性的学生还应做出灵活的调整；第四，教学规则的执行要采用积极的方法，面对遵守规则的学生多进行鼓励、表扬，增强学生对规则的认可度，巩固其养成对的规则意识，面对违反规则的同学，除了明确的规则处理以外，还应进行教育引导，构建和谐的师生关系，在积极的规则引导与关系联结中促进学生各方面能力的提升。

（四）教学评价

教学评价是对教学活动全过程以及教学结果做出的价值判断。教学评价是师生共同参与的活动，既有教师对学生学习效果、学习行为、学习过程等的评价，也有学生对教师教学能力、职业道德、教学策略等的评价。在学前教育专业舞蹈教学实施进程中，教学评价十分重要，简单来说，教师对学生的评价肯定了学生的学习效果，促进学生在今后能够更有效地学习，学生对教师的评价使教师能够及时地了解到学生对于教学的反馈，认识到自身在教学中存在的问题，也能看到自身的教学优势，为更好地进行教学提供帮助。

第三节　基于儿童立场的学前教育专业舞蹈教学案例

一、教学案例——芭蕾

课程名称：擦地组合

教学对象：学前教育专业一年级学生

教学课时：2课时

教学目标：

（1）学生通过学习擦地训练，能够掌握芭蕾擦地的基本规范与动作要领，能够了解芭蕾文化的特点和历史背景。

（2）能够训练学生下肢（脚和腿）的力量，主力腿的稳定性与动力腿的延伸性，加强对自身身体体态的主动约束。

（3）通过芭蕾擦地训练及其他相关练习，学生能够产生对芭蕾训练的兴趣，能够积极参与到舞蹈课堂中来。

教学重难点：

（1）在做擦地时应着重强调绷脚。

（2）移动时应推脚背至最高点，脚尖微点地，绷脚时要注意脚尖的延伸。

（3）移动时髋关节保持外开状态。

教学准备：

（1）音乐准备。

（2）把杆准备。

（3）学生舞蹈鞋、服装及上课仪容仪表准备。

教学步骤：

1. 热身

肩、腰、腿、胯的常规热身活动。

2. 导入

（1）播放芭蕾舞蹈视频、展示优秀芭蕾舞蹈家的表演。

（2）简单介绍芭蕾的起源以及芭蕾的审美规则，引出"擦地训练"在芭蕾基训中的重要地位。

3. 分解示范

（1）向前擦地。重心在主力腿，动力腿由脚跟带动脚尖，沿地面向前擦，经过半脚掌，推脚背至最高，形成前点地动作，外开。收回时，由脚尖带动，经半脚掌擦地，脚跟收回原位。移动时，膝盖全程伸直。

（2）向旁擦地。脚趾沿着脚尖所指方向向旁擦出，经过半脚掌擦地，推脚背至最高点，形成旁点地动作，外开。收回时，大腿内侧肌肉加紧，由脚跟带动，经过半脚掌擦地，脚尖收回原位。移动时，膝盖全程伸直。

（3）向后擦地。向后擦时，脚尖先移动，经半脚掌擦地，推脚背至最高点，形成后点地动作，外开。收回时，小脚趾主动向回推，大脚趾外沿贴地，收回原位。移动时，膝盖全程伸直。

4. 组合示范

（1）音乐。选择儿童歌曲《妈妈你真棒》钢琴曲（片段），节奏：2/4。

（2）准备姿态。一位脚基本体态站立，双手自然下垂，面朝把杆，眼睛平视。

（3）准备拍。双臂轻抬，双手搭在把杆上。

（4）完整组合

①1-4：重心保持在左腿，右脚匀速向前擦地，至最远端，推脚背，前点地，眼睛看向2点方位。5-8：脚尖带动，经半脚掌擦地，收回原位，眼睛看向1点方位。

②1-2：右脚快速向前擦地。3-4：保持左腿重心稳定，右腿前抬约30°，绷脚，延伸。5-6：右脚点地。7-8：右脚收回原位。

③1-2：同②1-2。3-4：在右脚前点地姿态上，右绷脚变成勾脚。5-6：右勾脚变成绷脚。7-8：右脚收回。

④动作同①

⑤1-4：重心保持在左腿，右脚匀速向旁擦地，至最远端，推脚背，旁点地，眼睛看向1点方位。5-8：脚跟带动，经半脚掌擦地，收回原位。

⑥1-2：右脚快速向旁擦地。3-4：保持左腿重心稳定，右腿旁抬约30°，绷脚，延伸。5-6：右脚旁点地。7-8：右脚收回原位。

⑦1-2：同⑥1-2。3-4：在右脚旁点地基础上，右绷脚变成勾脚。5-6：右勾脚变成绷脚。7-8：右脚收回。

⑧动作同⑤

⑨1-4：重心保持在左腿，右脚匀速向后擦地，至最远端，推脚背，后点地，眼睛看向8点方位。5-8：大脚趾主动往回带动，经半脚掌擦地，收回原位，眼睛看向1点方位。

⑩1-2：右脚快速向后擦地。3-4：保持左腿重心稳定，右腿后抬约30°，绷脚，延伸。5-6：右脚后点地。7-8：右脚收回原位。

⑪1-2：同【10】1-2。3-4：在右脚后点地基础上，右绷脚变成勾脚。5-6：右勾脚变成绷脚。7-8：右脚收回。

⑫动作同⑨

重复做一编向旁擦地的动作。

⑬-⑯重复⑤-⑧

⑰1-4：做一位脚的半蹲一次。5-8：起。

⑱1-2：立半脚掌。3-8：保持立半脚掌姿态。

⑲1-8：保持立半脚掌姿态。

⑳1-8：落回一位脚，收。

5. 练习

整体练习—分组练习—个别指导。

6. 展示

整体展示—分组展示—个体展示

7. 总结

教师对课程进行总结、评价，布置课后练习作业。

课后总结：

学前教育专业舞蹈教学面对的是没有舞蹈基础的学生，因此在设计芭蕾基训"擦地"这个较为专业的教学内容时，应注重减少专业话语的介入，以培养学生的舞蹈兴趣，培养学生的舞蹈体态以及培养学生主动学习的意识为主。在教学过程中，课堂氛围要尽量保持融洽，以语言关怀、眼神鼓励为主要方式，减少学生在舞蹈课产生的畏难情绪。同时，组合音乐的选择要注重把握学前教育专业特色，不要选取专业的、难以辨别节奏的钢琴曲，应以节奏分明的儿童音乐为主（含带有儿童色彩的钢琴曲），激发学生对舞蹈的兴趣。面对接受程度较慢的学生，以鼓励为主，多次、反复、针对性地去讲授，使之能够融入集体教学环境中，赶上教学进度。

二、教学案例——中国民族民间舞蹈

课程名称：汉族民间舞蹈——鼓子秧歌"综合训练"组合

教学对象：学前教育专业二年级学生（男）

教学课时：2课时

教学目标：

（1）学生学习山东鼓子秧歌，了解鼓子秧歌的基本手型、手位、舞姿，通过鼓子秧歌独特的艺术风格，了解汉族舞蹈的文化，体验汉族民间舞蹈大气、雄浑、包容、深厚的文化魅力。

（2）能够训练学生掌握鼓子秧歌的基本动律，规范舞蹈动作学习，掌握鼓子秧歌的基础风格。

（3）通过鼓子秧歌训练及其他相关练习，男生能够产生对民族民间舞蹈的兴趣，克服原有的舞蹈"边缘"行为，能够积极参与到舞蹈课堂中来。

教学重难点：

（1）双手在腹前击掌时，重拍要在节奏点上。要控制好抻的节奏。做"大起步"时，要有气势，收手要干净，有棱角。

（2）鼓子秧歌的训练重点是注意展示男性阳刚之气，动作应大开大合，胸怀广阔、气息平稳。

教学准备：

（1）音乐准备。

（2）学生舞蹈鞋、服装及上课仪容仪表准备。

教学步骤：

1. 热身

肩、腰、腿、胯的常规热身活动。

2. 导入

（1）播放山东鼓子秧歌舞蹈视频。

（2）简单介绍鼓子秧歌的起源、发展以及审美规则。

3. 分解示范

（1）"抻鼓子"分解。在做抻鼓子时，双手在腹前做击鼓动作，形成一个内聚力的爆发，之后做端鼓位造型。要注意节奏的着力点，重拍要击在节奏点上。

准备：双脚大八字或蹲裆步，肩肘带动双臂同时从两侧呈弧状抬起。

①1：双臂经过头顶，双手从胸前至腹前完成击掌动作。2-4：双臂继续下落。5：一拍完成端鼓位造型。6：保持端鼓位造型。7：双臂上抬。8：双臂抬至头顶。

②1：双臂经过头顶，双手从胸前至腹前完成击掌动作。2：双臂继续下落。3：一拍完成端鼓位造型。4：双臂上抬至头顶。5：动作同1。6：动作同2。7：动作同3。8：保持端鼓位造型。

（2）"大起步"分解。

准备：正步位站立，双手自然下垂。

①1-2：左脚上步，吸右腿至左腿膝盖处，双臂两侧自然抬起，左臂端于腹前，左手手心朝里，右臂向前划动，右手做体前击打动作。3-4：右脚上步，吸左脚至右腿膝盖处，右臂向右后方划圆一周抬至头顶，左臂保持不动。5-6：右手再次做击打动作一次，双腿快速分开成蹲裆步。7-8：保持蹲裆步姿态，右手再次向右后方划圆一周，右手提起至头顶的同时吸左腿至右膝盖处。

②动作重复①向前移动时，注意身体的前俯和后仰配合。

（3）"海底捞月"分解。

准备：大八字位站立，体朝1点方位。

双臂自然抬起，身体右平拧起式。

①1：重心移至右脚，左脚往旁吸撩腿上步全脚落地，变成右弓步。同时双手经头顶在8点方位做劈鼓动作。身体做向右后躺身姿态。双手远离胸口。2-4：保持1的完型动作。5：身体向前俯身，左手端鼓位，右臂"提襟"位，

6-7：两拍保持 5 的造型。8：上身起，做身体右平拧。

②动作重复①，节奏可以变快。

（4）"回头望月"分解

准备：小八字脚，自然位面朝 1 点站立，双臂下垂。肩肘带动双臂从两侧提起。

①1-2：左脚 1 点方向吸步上前，双手同时体前做劈鼓动作。3-4：右脚紧跟上步，变踏步位，身体右拧转，左手端鼓位，右臂"提襟"位，眼睛看向 4 点上方。5-8：重复 1-4 动作。

②重复①

4. 组合示范

（1）音乐。

选择鼓子秧歌音乐，节奏：2/4。

（2）准备姿态。

体朝 1 点方位，挎鼓位站立。

（3）完整组合。

①做两次直立"抻鼓子"短句，4 拍一次。具体做法参考"动作短句"部分。

②重复①

③做两次蹲裆步"抻鼓子"短句，4 拍一次。

④动作重复③

⑤做两次"海底捞月"短句，4 拍一次。

⑥1-4：做两次快速的"海底捞月"短句，2 拍一次。5-8：做一次"海底捞月"短句，4 拍一次。

⑦做两次朝 1 点方位行进的"回头望月"短句，4 拍一次。

⑧1：从侧向后转身，做劈鼓子动作，2：完成一次背向 1 点方位的"回头望月"。3-4：重复 1-2 动作。5-8：完成一次"回头望月"短句。其中，8：经右侧转身回正，双臂经上抬展开，呈"杨家庙"姿态，下落至挎鼓位。

⑨1：屈膝弯腿，身体微左转体朝 8 点方位，向 4 点方位下板腰。2：身体直立，身体保持朝 8 点方位。3-4：重复下半腰一次，保持板腰状态。5-7：

经 4 点、5 点、6 点完成横向的后划圆平拧动作，眼睛始终面向 1 点，8：身体直立回正。

⑩动作同⑨方向相反，做"磨韵"短句。

⑪做两次"大起步"短句，4 拍一次。

⑫1-4：左脚向 8 点方位上步，身朝 8 点，重心移动至左脚，上肢做一次"劈鼓子"，双臂下摆，右脚、左脚紧跟上步，呈左脚单腿支撑，右腿伸直，重心向左前方移动的趋势，上肢再做一次"劈鼓子"，同时右脚向右旁撤步成右侧弓步，完成一次"海底捞月"姿态。5-6：以左脚为轴向左单腿旋转至 1 点方位，双臂提腕上抬，右腿自然伸直旁开，提胯。7-8：右脚旁迈步呈侧弓步，双臂上提自然伸展，右臂平开，左臂斜上位。

结束。

5. 练习

整体练习—分组练习—个别指导。

6. 展示

整体展示—分组展示—个体展示。

7. 总结

教师对课程进行总结、评价，布置课后练习作业。

课后总结：

学前教育专业男生舞蹈课堂选择鼓子秧歌教学应着重对男性舞者整体气质与基本体态进行培养与训练。其一，培养"稳"，含有对"稳如泰山"般中国男性阳刚气质的追求，是山东鼓子秧歌的基础美学观点；其二，培养"沉"，是对"稳"的动态特征的内在补充，即"沉下来，稳得住"，是对中国男性执着、含蓄、深沉、质朴的性格特征的把握。其三，培养"抻"，体现在山东鼓子秧歌的"发力""运力"等力学层面的运用，是舞者心理节奏的重要依据，对"稳""抻"特征的表现进行内在的把控。其四，培养"韧"，是对"抻"的节奏进行动作形态的具体要求，也是对"稳"的气质、"沉"的性格特征进行的具象表达。

三、教学案例——中国古典舞

课程名称： 中国古典舞——"手、眼"训练组合

教学对象： 学前教育专业二年级学生

教学课时： 2 课时

教学目标：

（1）学生能够掌握中国古典舞的基本知识、基本舞姿，学习中国古典舞的手形、手位，能够完成快节奏的"眼随手动"训练，培养协调能力。

（2）学生在学习过程中能够体会到中国古典艺术的魅力，在舞姿规范、体态优美的动作中，对中国古典舞展示的灵巧、幽远、含蓄等情绪加以掌握。

（3）通过中国古典舞"手、眼"训练组合的学习，培养学生独立自主的学习能力以及对中国传统艺术的审美意识，增强学生的艺术表现力，加深学生对中国古典舞蹈风格的切身感受和深刻体悟。

教学重难点：

（1）通过眼睛与手位的配合练习，训练学生"眼随手动""神与形随"的舞蹈感觉，以及舞姿与眼神的协调配合能力。

（2）眼、手练习首先要单一地练习眼睛的方位感，可以原地站姿练习也可以跪（坐）姿练习，之后配合手指的方向进一步练习，形成古典舞特有的气质。

教学准备：

（1）音乐准备。

（2）学生舞蹈鞋、服装及上课仪容仪表准备。

教学步骤：

1. 热身

肩、腰、腿、胯的常规热身活动。

2. 导入

（1）中国古典舞视频。

（2）选取有代表性的中国古典舞作品与中国古典舞表演艺术家来简单介绍中国古典舞的起源、发展以及审美规则，同时对本节所要讲授的"手、眼"

训练进行导入介绍。

3. 分解示范

（1）手形。

女：兰花指、兰花掌；男：剑指、虎口掌。

（2）手位。

正上、正下、左上、右上。

4. 组合示范

（1）音乐。

选择带有儿童风格的钢琴曲，节奏：4/4，音乐灵巧。

（2）准备姿态。

卧鱼姿态或跪姿（女），盘腿姿态（男），双手均背身后。

（3）完整组合

①1-4：右手兰花指，指向左上方，眼随手动。5-8：右手兰花指，指向右上方，眼随手动。

②1-4：右手兰花指，指向右下方，眼随手动。5-8：右手兰花指，指向左下方，眼随手动。

③1-8：保持兰花指手形，右手提腕从左下方起，划上弧线落至右下方，眼随手动。

④做③相反动作。

⑤1-3：右手"点"向左上方、正下方、右上方，一拍一动，眼随手动。4：保持右手在右上方的位置。5-7：右手"点"向右下方、正上方、左下方，一拍一动，眼随手动。8：保持右手在左下方的位置。

⑥1-4：右手"点"向左上方、右上方、左下方、右下方，一拍一动，眼随手动。5-8：右手在胸前翻腕，手心冲前，指尖正上。

结束。

5. 练习

整体练习—分组练习—个别指导。

6. 展示

整体展示—分组展示—个体展示。

7. 总结

教师对课程进行总结、评价，布置课后练习作业。

课后总结：

本节课讲授的是带有"程式化"的中国古典舞"手、眼"训练组合，每个动作与动作的运行轨迹带有特定意义，原则上不应进行随意更改。因此，教师在教学方法的运用上要以"口传身授"式的口头语言与肢体语言传递为主，更多的是教师的示范、讲解、指导、纠错等，学生的参与度体现在学生掌握了基本技能之后的自我展示或群体展示模块。

四、教学案例——儿童舞蹈

课程名称：儿童律动舞蹈——小小兵

教学对象：学前教育专业二年级学生

教学课时：2课时

教学目标：

（1）学生掌握儿童舞蹈的分类，明确儿童律动在儿童舞蹈学习中的重要地位，并对本节所学"小小兵"的动作进行规范掌握，快速记忆。

（2）训练学生的模仿能力，增强对"踏步"动作、"摆臂"动作的掌握程度，使自我具备夸张的艺术表现力，展示勇敢、自信的品格。

（3）通过儿童舞蹈"小小兵"的学习，学生不断深化儿童立场在舞蹈教学中的地位，提高儿童意识，将自身代入到儿童世界中，以"想象"和"联想"建立与儿童世界的联结，在出色的儿童舞蹈表演能力基础上，不断展示自我、提升自我，感受到舞蹈带来的艺术魅力，丰富自我精神世界。

教学重难点：

（1）以夸张的情绪与规范的动作进行舞蹈学习与展示。

（2）"踏步""摆臂"等重点动作的规范训练。

（3）节奏感的训练。

教学准备：

（1）音乐准备。

（2）学生舞蹈鞋、服装及上课仪容仪表准备。

（3）学生自制"喇叭""手枪""手榴弹"等纸质道具。

教学步骤：

1. 热身

肩、腰、腿、胯的常规热身活动。

2. 导入

教师展示军人形象的视频或图片，启发学生做出一些类似于踏步走、正步走、摆臂的动作。

3. 分解示范

（1）踏步走。

（2）"吹喇叭"姿势、"打枪"姿势、"扔手雷"姿势。

4. 组合示范

（1）音乐。

《我是勇敢小小兵》，节奏：2/4。

（2）准备姿态。

体朝1点方位正步站立。

（3）完整组合。

准备姿态：体朝1点方位正步站立。

①1-4：原地踏步走4拍。5-6：左侧转，左脚向8点方位勾点地，右臂前摆，左臂后摆。7-8：动作同5-6，方向相反。

②1-2：双手上举朝8点方位做"喇叭"状，重心在左脚。3-4：反向做一次。5-8：双手保持"喇叭"状，蹲裆步姿态，从2点斜上方划下弧线至8点斜上方。

③动作同①

④1-2：双手在8点方位做敲鼓动作。3-4：双手在2点方位做敲鼓动作。5-8：保持敲鼓动作从2点方位平移至8点方位。

⑤1-4：动作同①1-4。5-8：动作同①5-8，双手换成手持钢枪姿态。

⑥1-2：左腿朝8点方位的单腿跪地姿态，右手呈手枪姿态。左臂架右肘。3-4：换右腿朝2点方位的单腿跪地姿态，手臂保持姿态。5-8：保持右腿在前的单腿跪姿姿态，从2点方位向8点方位平移"手枪"。

⑦动作同⑤

⑧1-2：左腿向 8 点方位上步，重心移至左脚，右手做向 8 点方位投掷姿势。3-4：动作同 1-2，方向相反。5-6：左腿向正前上步，双手向 1 点方位做投掷姿态。

重复以上动作。

结束。

5. 练习。

整体练习—分组练习—个别指导。

6. 展示。

整体展示—分组展示—个体展示。

7. 总结。

教师对课程进行总结、评价，布置课后练习作业。

课后总结：

在幼儿园的实践教学过程中，我们发现律动舞蹈是儿童在舞蹈学习过程中较早接触的舞蹈形式，对于儿童节奏感、协调性的训练以及肢体表现力的提升有着极大的促进作用，是音乐与舞蹈的有机结合，使儿童乐意接受并表现出极大的兴趣。因此，在学前教育专业舞蹈教学过程中，应增加关于儿童律动教学的安排，同时要邀请学生参与到儿童律动的创编中来，使学生在校内完全掌握儿童律动，为今后的岗位教学提供丰富的教学素材，积累丰富的教学经验。

五、教学案例——儿童舞蹈创编

课程名称： 儿童舞蹈构图——移动线的运用

教学对象： 学前教育专业二年级学生

教学课时： 2 课时

教学目标：

（1）了解幼儿舞蹈创编在幼儿日常生活中的重要意义，认知移动线在幼儿舞蹈创编中有举足轻重的地位，明确移动线的概念与意义、分类与特征，掌握移动线的应用原则，并可以在现实中熟练运用移动线，从而为幼儿舞蹈创编服务。

（2）学生在学习过程中能够了解移动线运用的原则、步骤、方法，"亲历"探究移动线的运用过程，发现问题，并通过独立思考或集体性探究，提出解决问题的方案，形成创新精神和实践能力。

（3）突出思政元素，将思想教育内化为课程实施内容，将爱国情怀融入教学实践，增强学生对祖国的认同感、自豪感，弘扬社会主义核心价值观。学生可以将"移动线"有效应用于幼儿舞蹈创编，激发他们强烈的创作欲，使之产生更多反映时代面貌、弘扬社会正能量、积极健康的优秀儿童舞蹈作品，做到"以舞育人"。

教学重难点：

教学重点：移动线的基础知识：概念与意义、分类与特征、应用原则等。

处理方法：教师引导、现场观察、教育见实习体验等。

教学难点：移动线在幼儿舞蹈创编实操过程中的具体应用方式与内涵建设。

突破策略：通过现场示例、教师示范、师生互动、理论讲解，运用视频、图片以及实物演示的方式，增强直观的视听感受，激发学生的创造力，最终突破教学难点。

教学准备：

（1）音乐准备。

（2）资源准备：网络 App、视频教学文件、音频文件、主编教材。

（3）学生舞蹈鞋、服装及上课仪容仪表准备。

教学方法：

案例教学法、任务驱动教学法、问题引导教学法、讲授法。

教学步骤：

教学环节	课程内容	教师活动	学生活动	设计意图
引言	幼儿舞蹈的重要地位与现实意义	语言讲述	聆听	使学生明确幼儿舞蹈在幼儿生活中的重要作用，进而更加深入地进行幼儿舞蹈创编的学习

续表

教学环节	课程内容	教师活动	学生活动	设计意图
情景导入	创设问题情境	课前案例展示、个体视频展示、教师语言启发	聆听、思考、探索	①使学生意识到当前幼儿舞蹈创编中呈现出诸多同质性问题 ②问题的本质是创编者思维僵化，缺少舞姿的流动，从而导致作品画面感差，吸引力不足 ③引导学生认识到"移动线"可以作为解决问题的手段
正文	理论部分（概念与意义、分类与特征、应用原则）	语言讲解、图文展示、动画示例、真人示范	聆听、思考、讨论、练习	通过理论内容的学习，使学生了解移动线的基础知识，为接下来的实操奠定基础，使优秀作品的产生有了前提与保障
正文	实践部分（真实案例，移动线的实际运用）	视频展示、教师讲解、个体示范、案例对比	观看、讨论、思考、认知	①基于移动线的应用原则根据真实案例进行创编示例 ②借助移动线的运用，学生可以尝试独立编排优秀的舞蹈作品 ③创编过程中引入思政元素，思想教育融入课程实施
总结	教师进行本次课程总结	讲解	聆听、思考	通过本次课程的学习，学生在今后的舞蹈创编中能够加强移动线的运用，并合理转化，灵活表达，创作出基于儿童立场、反映时代面貌、弘扬社会正能量、积极健康的优秀儿童舞蹈作品

课后总结：

本次课程较好地完成了预定的知识目标、能力目标与情感目标。学生对于儿童舞蹈创编中"移动线的运用"有了全新的认知；掌握了"移动线"的基础知识；明晰了"移动线"的实操方法，为创编具有正向意义的儿童舞蹈作品锦上添花。同时在本次课程的教学过程中，融入了课程思政元素，使学生在日常学习中就形成践行社会主义核心价值观的意识，在培筑美育素养的同时提升学生的爱国情怀与德育意识，最终将强烈的时代精神、浓郁的民族特色与鲜明的幼儿情趣融为一体，创作出乐于被幼儿接受和喜爱又不失教育意义的优秀舞蹈作品。

结　语

行文至此，我们有必要将本书做一次整体性回顾与梳理。

一、儿童立场介入学前教育专业舞蹈教学体系建构

儿童立场是开启本书的"钥匙"，在儿童立场视域内，我们开展了关于学前教育专业舞蹈教学体系的建构研究。

一开始，我们从微观层面探讨相关研究从儿童视角到儿童立场的转变，从而坚定了"从儿童立场出发"之于本书研究的适应性及其价值意义。因此，在结语部分，再次说明一下，儿童立场在高校学前教育专业舞蹈教学层面的适应性是基于以下逻辑的。

其一，儿童立场，是站在儿童的立场上认识儿童、关注儿童，处理儿童时代发生的事件。从这个概念上来看，事件双方应是"儿童"与"幼师"，与高校教师、课堂及高校学生的关系并不是直接存在的，似乎儿童立场无法成为高校学前教育专业舞蹈教学中的主导视域。

其二，通过深层次的探究，学前教育专业舞蹈教学培养具备舞蹈技能、达成培养目标的"专业人"（即"幼师"）完全就是儿童立场的直接践行者，而高校、舞蹈课程、高校教师、教学工具等要素在儿童立场，是以"参与者"的身份与幼儿形成直接或间接联动。

其三，探讨儿童立场中之于儿童发展的研究，则是从"高校教师→学前教育学生→幼师→儿童"多方主体视角下的儿童化认知，同时，融合"教学资源+教学方法+教学评价"在内的多重要素形成儿童化介入，最终建立促进儿童发展的驱动力。

二、学前教育专业舞蹈教学体系的构成要素

教学体系的构成要素是本书的研究基石,在学前教育专业舞蹈教学体系建构中关于教学体系构成要素的筛选成为行文的逻辑结构起点。

关于教学体系的构成要素,早有学者进行了详尽研究,本书则是依据学前教育专业舞蹈课程的特色进行适宜性选择与重组。在此,笔者重点考虑学前教育专业舞蹈课程作为职业教育的恰当性,认为舞蹈作为学前教育专业的技能课程之一,更应该首当其冲建立职业特色鲜明、实践教学浓厚的学前教育专业舞蹈教学体系。因此,对于教学体系建构的要素既包含传统意义上教学体系的全部要素,又融合了具有实践意义的职业教学体系要素形式。最终,本研究视域内,笔者将学前教育专业舞蹈教学体系的建构要素确定为:教学目标、教学内容、教学环境、教学方法、教学主体、教学资源、教学评价。

三、基于儿童立场的学前教育专业舞蹈教学体系重构

一个新的教学体系的建构并不是想当然,而是建立在原因、原则与思考上。

原因。首先,当前学前教育专业舞蹈教学并未形成固定且普适的教学体系,各省市、地方、高校,甚至各任课教师带的班级都是自然安排,在此情形下,似乎确立一种可满足于绝大部分群体的教学体系是必需。其次,按照《3~6岁儿童学习与发展指南》中关于"五大领域"的划分,学前教育专业的舞蹈教学只是艺术领域中的一个类目,并不是一个相对独立的教育领域,而通过对企业、幼儿园、毕业生的追踪调查,我们发现,幼教行业特别需要具备良好舞蹈技能的人才来填补本就匮乏的舞蹈教学氛围,而毕业生的舞蹈技能掌握并不能满足于当前的行业需求。我们并不奢求将学前教育专业舞蹈课程独立于"五大领域"之外,但是学前教育专业舞蹈教学体系的建立却是迫在眉睫。最后,建立基于儿童立场的学前教育专业舞蹈教学体系的最终原因是当前的学前教育专业舞蹈教学出现了问题,表现在教学目标不明确、教学内容安排不合理、教学环境融合度不够、教学方法单一、师资队伍不均衡、学生主体性认知不够以及教学评价不科学等方面。

结　语

重构。本书基于儿童立场的教学体系重构是根据笔者在长期的教学实践、企业调研以及同行反馈中形成的一种带有主观意识，但是并不抛弃尊重客观存在的体系重构尝试。

首先，将各教学体系要素重新整合，统归于"场域"内，建立场域融合新模态，突出"学习场""练习场"和"实习场"在"课堂""舞台"和"岗位"中的对应关系，追求"信息化"手段在教学"虚拟情景"中的应用，以此提出"三场一化"的教学融合体系。

其次，为了更好地说明"人"在教学体系中的主导地位，应适当调整教学体系各要素的比例与组织分化。笔者将"教学主体素养"单独进行研究，确定教师与学生在教学体系中的主体地位。但这并不表示"人"不存在于"场域"内，恰恰相反，"人"是"场域"融合体系建构的主要因子。

最后，重视课程资源开发，加强教学评价的完善，在实践层面凸显教学设计与教学实施的合理性，推动学前教育专业舞蹈教学体系的全面建设。

四、对学前教育专业舞蹈教学的期盼

随着国家对学前教育事业的大力支持，学前教育事业蒸蒸日上，取得瞩目成就。学前教育专业舞蹈课程作为学前教育专业的必修课程以及幼教行业必备的技能之一，只有从教育的基本立场——"儿童立场"出发，全面贯彻党的教育方针，落实立德树人的根本任务，把握学前教育专业舞蹈课程的特殊属性，才能服务师生教学需求与岗位应用，促进高质量职业人才培养，不断推动特色鲜明的学前教育专业舞蹈教学体系建设进程。从而，促进学前教育事业的跨越式发展，使之以崭新的姿态面对时代浪潮，创造更辉煌的成绩。

参考文献

一、著作类

1. 刘晓东. 儿童文化与儿童教育［M］. 北京：教育科学出版社，2006.
2. 隆荫培，徐尔充. 舞蹈艺术概论（修订版）. 上海：上海音乐出版社，2013.
3. 王宁宁. 中国古代乐舞史. 太原：山西人民出版社，2009.
4. 王策三. 教学论稿（第二版）. 北京：人民教育出版社，2005.
5. 王杰. 舞蹈课程与教学. 北京：北京师范大学出版社，2022.
6. 李秉德主编. 教学论. 北京：人民教育出版社，1991.
7. 吕艺生. 舞蹈教育学. 上海：上海音乐出版社，2015.
8. 姜国钧. 礼记选讲. 长沙：湖南大学出版社，2018.
9. 徐英俊. 教学设计. 北京：教育科学出版社，2001.
10. 曾天山. 教材论. 南昌：江西教育出版社，1997.
11. 张中煖. 创造性舞蹈宝典——打通九年一贯舞蹈教学之经脉. 台北：台北艺术大学，2007.
12. 周晓虹. 现代社会心理学——多维视野中的社会行为研究. 上海：上海人民出版社，1997.
13. 张祖忻，朱纯，胡颂华. 教学设计——基本原理与方法. 上海：上海外语教育出版社，1992.
14. 王道俊，王汉澜主编. 教育学（新编本3版）. 北京：人民教育出版社，1989.
15. 乌美娜主. 教学设计. 北京：高等教育出版社，1994.
16. 王本陆. 课程与教学论. 北京：高等教育出版社，2006.

17. 吕艺生. 素质教育舞蹈. 上海：上海音乐出版社，2016.

18. 李秉德. 教学论. 北京：人民教育出版社，1991.

19. 余林. 课堂教学评价. 北京：人民教育出版社，2007.

20. 张传燧. 课程与教学论. 北京：人民教育出版社，2008.

21. 邵瑞珍. 教育心理学. 上海：上海教育出版社，1997.

22. 靖国平，邓银城. 课程与教学论教程. 武汉：华中科技大学出版社，2012.

23. 尼采. 尼采随笔. 赵婉平译. 合肥：安徽人民出版社，2012.

24. 弗拉基米尔·鲍良克. 教学论. 叶澜译. 福州：福建人民出版社，1984.

25. 皮埃尔·布迪厄，华康德. 反思社会学导引. 李猛，李康译. 北京：商务印书馆，2015.

26. 皮埃尔·布迪厄. 科学的社会用途——写给科学场的临床社会学. 刘成富，张艳译. 南京：南京大学出版社，2005.

27. 乔治·H·米德. 心灵、自我与社会. 赵月瑟译. 上海：上海译文出版社，2005.

28. 迈克尔·A·豪格，多米尼克·阿布拉姆斯. 社会认同过程. 高明华译. 北京：中国人民大学出版社，2011.

29. 卡尔·西奥多·雅斯贝尔斯. 当代的精神处境. 黄藿译. 北京：生活·读书·新知三联书店，1992.

30. 日本筑波大学教育学研究会编. 现代教育学基础. 钟启泉译. 上海：上海教育出版，2003.

31. WILLIAM A. CORSARO. 'We're friends, right?': Children's use of access rituals in a nursery school. Language in Society, 1979.

32. LEWIS A, LINDSAY G. Researching children's perspectives, UK: McGraw-Hill Education, 1999.

33. SOMMER D, SAMUELSSON I P, HUNDEIDE K. Child perspectives and children's perspectives in theory and practice. Springer Netherlands, 2010.

34. PETER W. Airasian, assessment in the classroom, Mc Graw Hill Higher

Education，1995.

35. SOMMER D, SAMUELSSON I P, HUNDEIDE K. Child perspectives and children's perspectives in theory and practice. Springer Netherlands，2010.

36. BERRY, M. Towards a Sociology for Childhood：Thinking from children's lives，Buckingham：Open University Press，2002.

二、期刊论文

1. 吴晓东，倪文尖，罗岗. 现代小说研究的诗学视域. 中国现代文学研究丛刊，1991（1）.

2. 王春燕，张传红. 学前教育变革中儿童立场的审思. 幼儿教育（教育科学），2020（3）.

3. 陈晓红，李召存. 教育研究中儿童视角的发展. 教育导刊，2015（1）.

4. 章乐. 儿童立场与传统文化教育——兼论小学道德与法治教材中的中华传统文化教育. 课程·教材·教法，2018（8）.

5. 成尚荣. 儿童研究视角的坚守、调整与发展走向. 教育研究，2017（12）.

6. 杨莉君，曾晓. 幼儿园课程的逻辑：从"教师大纲"向"儿童大纲"转向. 教师教育研究，2020（5）.

7. 杜雁，梁芷彤，赵茜. 本体与机理——场域理论的建构、演变与应用. 国际城市规划，2022（3）.

8. 张麟. 非遗传统民间舞蹈的传承与发展之我见. 当代舞蹈艺术研究，2020（1）.

9. 刘生全. 论教育场域. 北京大学教育评论，2006（1）.

10. 刘宗南. 论课程场域. 教育研究与实验，2013（5）.

11. 赵庆来，蔡其勇. 论学校课程存在的场域. 教育探索，2013（10）.

12. 柳士彬. 遮蔽与澄明——关于教学场域的哲学思考. 教育理论与实践，2005（5）.

13. 孙丝丝，王玉，符姗姗. 场域融合：综合类大学音乐舞蹈专业本科人才培养方式的探索与解读. 音乐探索, 2017 (4).

14. 钟启泉. "学习场"的生成与教师角色. 上海教育科研, 2004 (9).

15. 王一军. 校本课程开发走向学习场域建构——基于江苏省普通高中课程基地建设的案例研究. 上海教育科研, 2013 (3).

16. 谢昌醒, 张强. SECI 理论视角下教学过程中教师场域的构建. 教学与管理, 2020 (15).

17. 邢西深, 许林. 2.0 时代的学前教育信息化发展路径探究. 中国电化教育, 2019 (5).

18. 陈琳. 高校课程立体学习资源建设研究——促进学习方式转变的视角. 电化教育研究, 2013 (11).

19. 陈琳, 文燕银, 张高飞, 毛文秀. 教育信息化内涵的时代重赋. 电化教育研究, 2020 (8).

20. 运武, 黄荣怀, 杨萍, 王宇茹. 改革开放 40 年: 教育信息化从 1.0 到 2.0 的嬗变与超越. 中国医学教育技术, 2019 (1).

21. 石振国, 田雨普. 信息化时代体育教学环境的系统观. 首都体育学院学报, 2005 (2).

22. 张恳, 胡永南, 向京. 试论体育教学方法的概念、分类及其运用. 西安体育学院学报, 2003 (4).

23. 卢晓中, 王雨. 教师身份认同及其提升. 高等教育研究, 2020 (12).

24. 谢谦梅, 顾韶雄. 自我的迷失与重建: 论体育教师职业认同的唤起. 南京体育学院学报, 2011 (4).

25 黄友初. 教师专业素养: 内涵、构成要素与提升路径. 教育科学, 2019 (3).

26. 杨跃. 自我研究: 教师教育者专业发展的重要途径. 高等理科教育, 2018 (5).

27. 亓玉慧, 王飞, 张莉. 课堂教学"边缘人"现象价值审视及应对. 中国教育学刊, 2015 (9).

28. 王钦. "期待融合"视域下学前教育专业舞蹈课男生"边缘人"行

为研究. 陕西学前师范学院学报, 2019 (12).

29. 程广庆, 宋乃文. 论教学智慧. 教育研究, 2006 (9).

30. 李德林. 教学个性阐释. 青岛大学师范学院学报, 2012 (4).

31. 张斌贤, 周梦圆. 儿童中心学校的兴起与美国教育变革. 全球教育展望, 2018 (10).

32. 孙京新, 褚庆环, 李鹏. 在精品课程建设中建立立体化教材. 现代远距离教育, 2007 (1).

33. 黄楠森. 论"以人为本"的思想渊源和科学内涵. 伦理学研究, 2011 (3).

34 刘继和. "教材"概念的解析及其重建. 全球教育展望, 2005 (2).

35. 曹明海, 赵宏亮. 教材文本资源与教学内容的确定. 语文建设, 2008 (10).

36. 李辉. 高等教育内涵式发展视界下的教材建设路径——基于美国大学教育教学改革的思考. 高教探索, 2014 (6).

37. 卜正学. 课程与教材关系浅析. 求实. 2008 (A2).

38. 王淑文. 高职课程标准的内涵、构架及实施研究. 教育与职业, 2014 (3).

39. Park Robert Ezra, "Human Migration and the Marginal Man," The American Journal of Sociology, 1928 (5).

40. Miao Chang-Hong, Wei Yehua and Ma Haitao, "Technological Learning and Innovation in China in the Context of Globalization," Eurasian Geography and Economics, 2007 (6).

三、学位论文

1. 王黎君. 二十世纪中国文学中的儿童视角研究. 博士后研究工作报告, 华东师范大学, 2007.

2. 汪洋. "卓越教师"视域下的高师美术学(教师教育)本科专业课程体系与教学实践研究. 博士学位论文, 华东师范大学, 2018.

3. 张晋. 高等职业教育实践教学体系构建研究. 博士学位论文, 华东师范大学，2008.

4. 陈永青. 幼儿快乐体操教学体系构建研究. 博士学位论文，武汉体育学院，2019.

5. 杨茜. 我国教师身份认同的当代境遇及其伦理路向. 博士学位论，华东师范大学，2019.

6. 郑爽. 我国教师教育者开展自我研究的初步探索. 博士学位论文，首都师范大学，2011.

7. 杨晓奇. 教学资源及其优化问题研究. 博士学位论文，南京师范大学，2014.

四、古籍、工具书

1. 辞海编辑委员会编. 辞海. 上海：上海辞书出版社，2000.

2. 中国社会科学院语言研究所词典编辑室. 现代汉语词典. 北京：商务印书馆，1999.

3. 体育词典编辑委员会编《体育词典. 上海：上海辞书出版社，1984.

4. 顾明远. 教育大辞典（增订合编本·上）. 上海：上海教育出版社，1998.

5. 顾明远. 中国教育大百科全书. 上海：上海教育出版社，2012.

6. 中文大辞典编撰委员会编撰. 中文大辞典（第19册）. 中国文化研究所印行，1982.

7. 《十三经注疏》下册《礼记正义》卷二十八，中华书局，1983年影印本。

8. 《十三经注疏》上册《周礼注疏》卷二十二，郑氏注，中华书局，1983年影印本。

9. 《十三经注疏》下册《礼记正义》卷五十，中华书局，1983年影印本。